ÉDITORIAL

AOÛT 2023

Couronnée d'étoiles

Le mois d'août étant le plus propice pour contempler les étoiles, on pourrait croire que la liturgie l'a choisi tout exprès pour y placer la solennité de Marie en son Assomption, en écho au beau chant à la Vierge : « Couronnée d'étoiles, la lune est sous tes pas », inspiré de la vision de saint Jean dans le livre de l'Apocalypse. Mais on aurait tort de regarder Marie comme une étoile fugace et inaccessible. C'est plutôt sa destinée que nous sommes invités à contempler comme une promesse qui nous est faite dès ici-bas. Le « oui » de Marie a donné corps au projet de Dieu d'accueillir le Christ au milieu de nous. Ce « oui » est donc à actualiser à chaque étape de notre vie, comme sur un chemin à parcourir. Celui qui mène à Compostelle pourrait en être le plus beau symbole, ce lieu que la tradition appelle précisément « le champ des étoiles ». Chaque jour, nous pouvons reprendre avec Marie l'hymne du Magnificat comme un merci à Dieu pour un salut promis à la multitude ! Cette promesse nous décentre des frustrations quotidiennes pour nous associer, ni plus ni moins, au projet de Dieu. ■

Chaque jour, nous pouvons reprendre avec Marie l'hymne du Magnificat.

LES UNIVERSITÉS ET INSTITUTS CATHOLIQUES

Un choix d'avenir

Autour d'Angers, Lille, Lyon, Paris et Toulouse rayonnent les Universités et Instituts catholiques depuis 150 ans. Près de 70 000 étudiants y reçoivent un enseignement d'excellence fondé sur l'humanisme chrétien et la recherche du bien commun.

Le projet universitaire des Universités et Instituts catholiques a ceci d'unique qu'au-delà de l'enseignement d'excellence, il propose une formation intégrale de l'étudiant grâce à un accompagnement individualisé et une vie de campus de qualité. La transmission du savoir est portée par une pédagogie qui favorise les valeurs de l'engagement et de la persévérance dans des projets remplis de sens, emprunts d'humanité et de solidarité. Il s'agit de former des êtres libres, complets et responsables qui seront les acteurs de notre société de demain ; des personnes épanouies, éveillées à la conscience du bien commun et à l'éthique. Pour que cette formation unique en France puisse être dispensée au plus grand nombre, cela demande la mise en place de dispositifs d'accessibilité et de projets ambitieux : bourses d'étude, aides associatives, accueil handicap, développement de campus en région, programmes de découverte pour les lycéens… Majoritairement financés par des dons et legs, ces

projets ont pour mission de prolonger la diffusion du savoir et des valeurs portés par l'enseignement catholique dans l'enseignement supérieur. *« On entend dire que l'avenir est sombre pour les jeunes. Pour qu'ils puissent se frayer un chemin, prend leur place et donner pleinement sens à leur vie, nous avons choisi de faire un legs à l'Institut catholique de Paris. Les étudiants y reçoivent à la fois des racines pour comprendre un monde plus complexe et des aides pour rêver et créer »,* témoignent Gérard et Sylvie B. En choisissant d'inscrire l'une des cinq universités catholiques parmi vos héritiers, vous contribuez à sa pérennité et lui donnez les moyens de développer des initiatives innovantes au profit des générations futures.

POUR NOUS JOINDRE

- **Par internet : rendez-vous sur https://transmettre.info pour en savoir plus et connaître l'interlocuteur de votre région.**
- **Par courrier : écrivez-nous au Service des legs des Universités et Instituts catholiques (Udesca), 21 rue d'Assas, 75006 Paris.**

Annonce

Prier avec le Saint-Père

Intention universelle du mois d'août 2023

Prions afin que les Journées mondiales de la jeunesse à Lisbonne aident les jeunes à se mettre en chemin, en témoignant de l'Évangile par leur vie.

Pour vous aider à prier :
www.prieraucoeurdumonde.net

SAINTS ET SAINTES DU MOIS D'AOÛT 2023

Xavier Lecœur, journaliste et historien

Chaque jour, l'Église fête plusieurs saints et bienheureux : ceux du calendrier romain, ceux des calendriers diocésains et ceux du calendrier des Églises orientales.
Tous les mois, Prions en Église *vous propose d'en découvrir quelques-uns.*

1er août
St Pierre Favre
(1506-1546)
Il y a dix ans, le pape François canonisait ce Savoyard qui fut l'un des premiers compagnons d'Ignace de Loyola et le premier prêtre de la Compagnie de Jésus.

2 août
St Justin Russolillo
(1891-1955)
Prêtre napolitain. Il fonda deux congrégations vouées à l'accompagnement des vocations sacerdotales et religieuses. Canonisé à Rome, le 15 mai 2022.

3 août
Ste Lydie
(Ier siècle)
Habitante de Philippes, en Macédoine, convertie au Christ par saint Paul, à qui elle offrit l'hospitalité.

4 août
St Jean-Marie Vianney
(1786-1859)
« L'Esprit Saint est une lumière et une force. C'est lui qui nous fait distinguer le vrai du faux et le bien du mal », rappelait le célèbre curé d'Ars (Ain). Patron de tous les curés du monde depuis 1929.

5 août
Ste Nonna
(IVe siècle)
Par son exemple et ses prières, elle amena à la conversion son époux, saint Grégoire de Nazianze l'Ancien. Leurs trois enfants (Gorgonie, Grégoire le Théologien et Césaire) sont aussi vénérés.

6 août
Ste Marie-Françoise Rubatto
(1844-1904)
Native du Piémont (Italie) qui fonda la congrégation des Capucines pour la visite des malades et l'enseignement des jeunes filles. Elle a été canonisée le 15 mai 2022.

7 août
St Sixte II et ses diacres
(IIIe siècle)
Élu pape en 257, Sixte II fut arrêté l'année suivante, lors d'une messe dans les catacombes. Il fut décapité avec plusieurs de ses diacres.

8 août
St Dominique
(1170-1221)
Originaire d'Espagne. Il voulut ramener les cathares à la foi chrétienne « par la parole et par l'exemple » d'une vie réellement évangélique. Pour l'aider dans sa tâche, il fonda l'ordre des Frères prêcheurs (dominicains). Canonisé en 1234.

9 août
Ste Edith Stein
(1891-1942)
« Pour le chrétien, il n'y a pas d'étranger. Le prochain est toujours celui qui se trouve devant nous et qui a le plus besoin de nous », soulignait cette carmélite d'origine juive, morte à Auschwitz. Copatronne de l'Europe depuis 1999.

10 août
St Hugues de Montaigu
(XIe-XIIe siècles)
Moine, abbé puis évêque d'Auxerre qui favorisa les ordres religieux et fut notamment ami des cisterciens. Sa douceur, son humilité et son esprit pacifique étaient vantés.

11 août
Bx Maurice Tornay
(1910-1949)
Chanoine régulier du Grand-Saint-Bernard. Missionnaire au Tibet, il y fut assassiné en haine de la foi chrétienne. Béatifié en 1993.

12 août
Ste Jeanne-Françoise de Chantal
(1572-1641)
« Allez à Dieu avec confiance, il vous illuminera et vous inspirera », conseillait à ses novices la cofondatrice de l'ordre des Visitandines. Canonisée en 1767.

13 août
Bx Jacques Gapp
(1897-1943)
Prêtre marianiste autrichien. Pour avoir combattu l'idéologie nazie au nom du Christ, il fut arrêté par la Gestapo et guillotiné. Béatifié en 1996.

14 août
Sts Antoine Primaldo et ses compagnons
(XVe siècle)
En mai 2013, le pape François

canonisait 800 martyrs italiens, tués par les Ottomans à Otrante (Pouilles) pour avoir refusé d'abjurer leur foi.

15 août
Assomption de la Vierge Marie

16 août
Bse Pierrette Pérez Florida
(1845-1906)
Religieuse espagnole. Elle fonda, en 1881, la congrégation des Mères des abandonnés, spécialement dédiée au soutien des personnes âgées sans ressources. Béatifiée en 1994.

17 août
Ste Claire de Montefalco
(vers 1268-1308)
Mystique italienne, abbesse d'un couvent placé sous la règle de saint Augustin, qui témoigna d'une profonde dévotion à l'égard de la Passion du Christ.

18 août
St Alberto Hurtado Cruchaga
(1901-1952)
Jésuite chilien engagé dans le syndicalisme chrétien. Il fut l'un des cinq premiers saints canonisés par le pape Benoît XVI, en 2005.

19 août
St Jean Eudes
(1601-1680)
« Nous devons être comme autant de Jésus sur la terre, pour y continuer sa vie et ses œuvres », affirmait ce prêtre normand, qui fonda la Congrégation de Jésus et Marie (les Eudistes) et de l'Institut de Notre-Dame de Charité.

20 août
St Bernard
(1090-1153)
Fondateur de l'abbaye cistercienne de Clairvaux (Aube). Il exerça sur son temps une grande influence: il conseilla les puissants, combattit les hérésies et prêcha la deuxième croisade. Docteur de l'Église.

21 août
St Privat
(IIIe siècle)
Évêque de Mende (Lozère), mort martyr. La cathédrale de la ville lui est dédiée, ainsi qu'à Notre Dame.

22 août
St Symphorien
(IIe siècle)
Jeune chrétien d'Autun (Saône-et-Loire) qui, ayant refusé de se prosterner devant une idole païenne, fut décapité.

23 août
Ste Rose de Lima
(1586-1617)
Prière, charité et austérité: trois mots qui résument la vie de cette Péruvienne, tertiaire dominicaine. Première sainte des Amériques, canonisée en 1671.

24 août
St Barthélemy
(Ier siècle)
L'un des douze Apôtres. Dans l'évangile de saint Jean, on le connaît sous le nom de Nathanaël. Il a été présenté à Jésus par son ami Philippe (cf. Jn 1, 43-48).

25 août
St Louis
(1214-1270)
Seul roi de France à avoir été canonisé, il était réputé, de son vivant même, pour sa profonde piété, sa grande charité et son sens de la justice.

26 août
St Césaire
(Ve-VIe siècles)
Évêque d'Arles durant quarante ans, il accorda une grande importance à la prédication et donna aux fidèles «la nourriture céleste dans un langage simple et terre à terre».

27 août
Ste Monique
(332-387)
Mère de saint Augustin (fêté le lendemain), elle pria durant de longues années pour que son fils se convertisse au christianisme.

28 août
Ste Florentine
(VIe-VIIe siècles)
Sœur des saints Léandre, Isidore et Fulgence de Carthagène (Espagne). Elle se fit religieuse au couvent d'Ecija (Andalousie) et en devint l'abbesse. Elle fut inhumée dans la cathédrale de Séville.

29 août
Ste Sabine
(IIe siècle)
Selon la tradition, elle aurait subi le martyre pour avoir enterré sa servante Séraphie qui avait été victime de la persécution antichrétienne.

30 août
Bx Estephan Nehmé
(lire page 205)

31 août
St Aidan
(VIe-VIIe siècles)
Né en Irlande, formé à l'abbaye écossaise d'Iona, il fonda le célèbre monastère de Lindisfarne (Angleterre).

Prions avec les textes de la messe

DU 1ER AU 31 AOÛT 2023

Partagez vos intentions de prière

....

....

....

....

....

....

....

....

....

Envoyez vos intentions de prière à :
Prions en Église, Intentions de prière, 18 rue Barbès, 92128 Montrouge Cedex.
Elles seront portées par les pèlerins qui partiront sur le chemin de Saint-Jacques -de-Compostelle du 4 au 11 septembre.

MARDI 1ER AOÛT 2023

17E SEMAINE DU TEMPS ORDINAIRE COULEUR LITURGIQUE : BLANC

Saint Alphonse-Marie de Liguori

1696-1787. Ancien avocat devenu prêtre, il fonda la congrégation des Rédemptoristes pour l'évangélisation des campagnes. Théologien moraliste et maître de vie spirituelle.

Antienne d'ouverture

Voici l'intendant fidèle et avisé que le maître a établi sur sa maison, pour donner à chacun, en temps voulu, sa part de blé. (cf. Lc 12, 42)

OU

Je m'occuperai de mes brebis, je veillerai sur elles,
dit le Seigneur, je susciterai à leur tête un seul berger.
Moi, le Seigneur, je serai leur Dieu. (cf. Ez 34, 11.23-24)

Prière

Seigneur Dieu, toi qui toujours suscites en ton Église de nouveaux exemples de vertu, fais-nous marcher avec ardeur pour le salut des âmes sur les traces de l'évêque saint Alphonse-Marie de Liguori, afin que nous obtenions comme lui la récompense du ciel. Par Jésus… ***— Amen.***

Lecture

du livre de l'Exode (33, 7-11 ; 34, 5b-9.28)

« Le Seigneur parlait avec Moïse face à face »

En ces jours-là, à chaque étape, pendant la marche au désert, Moïse prenait la Tente et la plantait hors du camp, à bonne distance. On l'appelait : tente de la Rencontre, et quiconque voulait consulter le

Seigneur devait sortir hors du camp pour gagner la tente de la Rencontre. Quand Moïse sortait pour aller à la Tente, tout le peuple se levait. Chacun se tenait à l'entrée de sa tente et suivait Moïse du regard jusqu'à ce qu'il soit entré. Au moment où Moïse entrait dans la Tente, la colonne de nuée descendait, se tenait à l'entrée de la Tente, et Dieu parlait avec Moïse. Tout le peuple voyait la colonne de nuée qui se tenait à l'entrée de la Tente, tous se levaient et se prosternaient, chacun devant sa tente. Le Seigneur parlait avec Moïse face à face, comme on parle d'homme à homme. Puis Moïse retournait dans le camp, mais son auxiliaire, le jeune Josué, fils de Noun, ne quittait pas l'intérieur de la Tente.

Le Seigneur proclama lui-même son nom qui est : LE SEIGNEUR. Il passa devant Moïse et proclama : « LE SEIGNEUR, LE SEIGNEUR, Dieu tendre et miséricordieux, lent à la colère, plein d'amour et de vérité, qui garde sa fidélité jusqu'à la millième génération, supporte faute, transgression et péché, mais ne laisse rien passer, car il punit la faute des pères sur les fils et les petits-fils, jusqu'à la troisième et la quatrième génération. » Aussitôt Moïse s'inclina jusqu'à terre et se prosterna. Il dit : « S'il est vrai, mon Seigneur, que j'ai trouvé grâce à tes yeux, daigne marcher au milieu de nous. Oui, c'est un peuple à la nuque raide ; mais tu pardonneras nos fautes et nos péchés, et tu feras de nous ton héritage. » Moïse demeura sur le Sinaï avec le Seigneur quarante jours et quarante nuits ; il ne mangea pas de pain et ne but pas d'eau. Sur les tables de pierre, il écrivit les paroles de l'Alliance, les Dix Paroles. – Parole du Seigneur.

Psaume 102 (103)

℟ ***Le Seigneur est tendresse et pitié.***

Le Seigneur fait œuvre de justice,
il défend le droit des opprimés.
Il révèle ses desseins à Moïse,
aux enfants d'Israël ses hauts faits. ℟

Le Seigneur est tendresse et pitié,
lent à la colère et plein d'amour ;
il n'est pas pour toujours en procès,
ne maintient pas sans fin ses reproches. ℟

Il n'agit pas envers nous selon nos fautes,
ne nous rend pas selon nos offenses.
Comme le ciel domine la terre,
fort est son amour pour qui le craint. ℟

Aussi loin qu'est l'orient de l'occident,
il met loin de nous nos péchés ;
comme la tendresse du père pour ses fils,
la tendresse du Seigneur pour qui le craint ! ℟

Acclamation de l'Évangile

Alléluia. Alléluia. La semence est la parole de Dieu, le semeur est le Christ ; celui qui le trouve demeure pour toujours. ***Alléluia.***

Évangile de Jésus Christ

selon saint Matthieu (13, 36-43)

« De même que l'on enlève l'ivraie pour la jeter au feu, ainsi en sera-t-il à la fin du monde »

En ce temps-là, laissant les foules, Jésus vint à la maison. Ses disciples s'approchèrent et lui dirent : « Explique-nous clairement la parabole de l'ivraie dans le champ. » Il leur répondit : « Celui qui sème le

bon grain, c'est le Fils de l'homme ; le champ, c'est le monde ; le bon grain, ce sont les fils du Royaume ; l'ivraie, ce sont les fils du Mauvais. L'ennemi qui l'a semée, c'est le diable ; la moisson, c'est la fin du monde ; les moissonneurs, ce sont les anges. De même que l'on enlève l'ivraie pour la jeter au feu, ainsi en sera-t-il à la fin du monde. Le Fils de l'homme enverra ses anges, et ils enlèveront de son Royaume toutes les causes de chute et ceux qui font le mal ; ils les jetteront dans la fournaise : là, il y aura des pleurs et des grincements de dents. Alors les justes resplendiront comme le soleil dans le royaume de leur Père.

« Celui qui a des oreilles, qu'il entende ! »

Prière sur les offrandes

Dans ta bonté, Seigneur, brûle nos cœurs du feu céleste de l'Esprit, toi qui as donné à saint Alphonse-Marie la grâce de célébrer ces mystères et, par eux, de s'offrir lui-même en sacrifice vivant et saint. Par le Christ, notre Seigneur.
— Amen.

Antienne de la communion

Heureux ce serviteur
que le maître,
quand il arrivera et frappera
à la porte, trouvera
en train de veiller.
(cf. Lc 12, 36-37)

Ce n'est pas vous qui m'avez choisi,
dit le Seigneur, c'est moi
qui vous ai choisis et établis,
afin que vous alliez,
que vous portiez du fruit,
et que votre fruit demeure.
(cf. Jn 15, 16)

Prière après la communion

Seigneur Dieu, tu as fait de saint Alphonse-Marie un intendant fidèle et le prédicateur du grand mystère que nous célébrons ; accorde-nous d'y communier souvent et, par cette communion, de te bénir à jamais. Par le Christ, notre Seigneur. — ***Amen.***

INVITATION

En ce premier jour des Journées mondiales de la jeunesse,
je peux prier en communion avec tous les jeunes réunis à Lisbonne.

COMMENTAIRE

L'entendre de cette oreille-là

Matthieu 13, 36-43

La parabole n'était pas claire. Elle a été comme étouffée par l'ivraie du brouhaha du monde qui pousse autour d'elle. Mais elle n'est pas seule : d'autres paroles aussi témoignent de la présence des justes, fils du Royaume. Elle prend sens surtout quand nous savons que c'est Jésus lui-même qui nous l'adresse et nous la fait comprendre. Ouvrons les oreilles pour l'entendre : alors notre cœur resplendira comme le soleil. ■

Nicolas Tarralle, prêtre assomptionniste

MERCREDI 2 AOÛT 2023

17[E] SEMAINE DU TEMPS ORDINAIRE COULEUR LITURGIQUE : VERT

Temps ordinaire, *suggestion d'oraisons et d'antiennes n° 29*
ou **saint Eusèbe de Verceil**
ou **saint Pierre-Julien Eymard**

Antienne d'ouverture

Je t'appelle, toi, le Dieu qui répond :
écoute-moi, entends ce que je dis.
Garde-moi comme la prunelle de l'œil ;
à l'ombre de tes ailes, cache-moi.
(Ps 16, 6.8)

Prière

Dieu éternel et tout-puissant, fais-nous toujours agir pour toi d'une volonté ardente, et servir ta gloire d'un cœur sans partage. Par Jésus… ***— Amen.***

Lecture

du livre de l'Exode (34, 29-35)

« Ils virent arriver Moïse : son visage rayonnait. Ils n'osaient pas s'approcher »

Lorsque Moïse descendit de la montagne du Sinaï, ayant en mains les deux tables du Témoignage, il ne savait pas que son visage rayonnait de lumière depuis qu'il avait parlé avec le Seigneur. Aaron et tous les fils d'Israël virent arriver Moïse : son visage rayonnait. Comme ils n'osaient pas s'approcher, Moïse les appela. Aaron et tous les chefs de la communauté vinrent alors vers lui, et il leur adressa la parole. Ensuite,

tous les fils d'Israël s'approchèrent, et il leur transmit tous les ordres que le Seigneur lui avait donnés sur la montagne du Sinaï. Quand il eut fini de leur parler, il mit un voile sur son visage. Et, lorsqu'il se présentait devant le Seigneur pour parler avec lui, il enlevait son voile jusqu'à ce qu'il soit sorti. Alors, il transmettait aux fils d'Israël les ordres qu'il avait reçus, et les fils d'Israël voyaient rayonner son visage. Puis il remettait le voile sur son visage jusqu'à ce qu'il rentre pour parler avec le Seigneur.
– Parole du Seigneur.

Psaume 98 (99)

℟ ***Tu es saint, Seigneur notre Dieu !***

Exaltez le Seigneur notre Dieu,
prosternez-vous au pied de son trône,
car il est saint ! ℟

Moïse et le prêtre Aaron,
Samuel, le Suppliant,
tous, ils suppliaient le Seigneur,
et lui leur répondait. ℟

Dans la colonne de nuée, il parlait avec eux ;
ils ont gardé ses volontés,
les lois qu'il leur donna. ℟

Exaltez le Seigneur notre Dieu,
prosternez-vous
devant sa sainte montagne,
car il est saint, le Seigneur notre Dieu. ℟

Acclamation de l'Évangile

Alléluia. Alléluia. Je vous appelle mes amis, dit le Seigneur, car tout ce que j'ai entendu de mon Père, je vous l'ai fait connaître. ***Alléluia.***

Évangile de Jésus Christ
selon saint Matthieu (13, 44-46)

« Il va vendre tout ce qu'il possède, et il achète ce champ »

En ce temps-là, Jésus disait aux foules : « Le royaume des Cieux est comparable à un trésor caché dans un champ ; l'homme qui l'a découvert le cache de nouveau. Dans sa joie, il va vendre tout ce qu'il possède, et il achète ce champ. Ou encore : Le royaume des Cieux est comparable à un négociant qui recherche des perles fines. Ayant trouvé une perle de grande valeur, il va vendre tout ce qu'il possède, et il achète la perle. »

Prière sur les offrandes
Accorde-nous, Seigneur, nous t'en prions, de te servir d'un cœur libre en te présentant ces dons ; puissions-nous, par un effet de ta grâce, être purifiés par ces mystères que nous célébrons. Par le Christ, notre Seigneur. — ***Amen.***

Antienne de la communion
Le Seigneur veille
sur ceux qui le craignent,
qui mettent leur espoir
en sa miséricorde, pour délivrer
leur âme de la mort,
les nourrir aux jours de famine.
(cf. Ps 32, 18-19)

OU

Le Fils de l'homme
est venu pour donner sa vie
en rançon pour la multitude.
(cf. Mc 10, 45)

Prière après la communion

Accorde-nous, Seigneur, nous t'en prions, de progresser en participant aux réalités du ciel ; ainsi, nous serons soutenus par tes bienfaits en ce temps et façonnés par ceux de l'éternité. Par le Christ, notre Seigneur. ***— Amen.***

INVITATION

Je peux poser cinq rendez-vous importants avec Jésus en août, un vrai temps de pause à lui consacrer chaque semaine.

COMMENTAIRE

Pour le Royaume

Matthieu 13, 44-46

Il faut de nombreuses paraboles et le témoignage de la vie même de Jésus pour comprendre ce qu'est le royaume de Dieu. Une chose est sûre : il est infiniment précieux et procure une joie à nulle autre pareille. Ce n'est alors pas un trésor ou une perle qui peut l'évaluer mais bien chacun de nous : en vendant tout pour ne posséder que lui. La joie de se donner est rare et elle n'a pas de prix : elle porte la signature du Royaume. ■

Nicolas Tarralle, prêtre assomptionniste

JEUDI 3 AOÛT 2023

17E SEMAINE DU TEMPS ORDINAIRE COULEUR LITURGIQUE : VERT

Temps ordinaire, *suggestion d'oraisons et d'antiennes n° 30*

Antienne d'ouverture

Joie pour les cœurs qui cherchent Dieu. Cherchez le Seigneur, et vous serez affermis, recherchez sans trêve sa face. (cf. Ps 104, 3-4)

Prière

Dieu éternel et tout-puissant, augmente en nous la foi, l'espérance et la charité ; et pour que nous puissions obtenir ce que tu promets, fais-nous aimer ce que tu commandes. Par Jésus… ***— Amen.***

Lecture

du livre de l'Exode (40, 16-21.34-38)

« La nuée couvrit la tente de la Rencontre, et la gloire du Seigneur remplit la Demeure »

En ces jours-là, Moïse exécuta tout ce que le Seigneur lui avait ordonné. La demeure de Dieu fut érigée la deuxième année après la sortie d'Égypte, le premier jour du premier mois. Moïse érigea ainsi la Demeure : il en posa les bases, les poutres et les traverses, et il dressa les colonnes. Au-dessus de la Demeure, il déploya la Tente et la recouvrit comme le Seigneur le lui avait ordonné. Il prit le Témoignage et le déposa dans l'arche. Il mit à l'arche ses barres et la recouvrit de la plaque d'or appelée propitiatoire.

Il introduisit l'arche dans la Demeure, et posa le rideau pour voiler l'arche du Témoignage comme le Seigneur le lui avait ordonné.
La nuée couvrit la tente de la Rencontre, et la gloire du Seigneur remplit la Demeure. Moïse ne pouvait pas entrer dans la tente de la Rencontre, car la nuée y demeurait et la gloire du Seigneur remplissait la Demeure. À chaque étape, lorsque la nuée s'élevait et quittait la Demeure, les fils d'Israël levaient le camp. Si la nuée ne s'élevait pas, ils campaient jusqu'au jour où elle s'élevait. Dans la journée, la nuée du Seigneur reposait sur la Demeure, et la nuit, un feu brillait dans la nuée aux yeux de tout Israël. Et il en fut ainsi à toutes leurs étapes. – Parole du Seigneur.

Psaume 83 (84)

℟ ***De quel amour sont aimées tes demeures, Seigneur, Dieu de l'univers !***

Mon âme s'épuise à désirer
les parvis du Seigneur ;
mon cœur et ma chair sont un cri
vers le Dieu vivant ! ℟

L'oiseau lui-même s'est trouvé une maison,
et l'hirondelle,
un nid pour abriter sa couvée :
tes autels, Seigneur de l'univers,
mon Roi et mon Dieu ! ℟

Heureux les habitants de ta maison :
ils pourront te chanter encore !
Heureux les hommes dont tu es la force :
des chemins s'ouvrent dans leur cœur ! ℟

Oui, un jour dans tes parvis
en vaut plus que mille.
J'ai choisi de me tenir sur le seuil,
dans la maison de mon Dieu,
plutôt que d'habiter parmi les infidèles. ℟

Acclamation de l'Évangile

Alléluia. Alléluia. Seigneur, ouvre notre cœur pour nous rendre attentifs aux paroles de ton Fils. ***Alléluia.***

Évangile de Jésus Christ

selon saint Matthieu (13, 47-53)

« On ramasse dans des paniers ce qui est bon, et on rejette ce qui ne vaut rien »

En ce temps-là, Jésus disait aux foules : « Le royaume des Cieux est encore comparable à un filet que l'on jette dans la mer, et qui ramène toutes sortes de poissons. Quand il est plein, on le tire sur le rivage, on s'assied, on ramasse dans des paniers ce qui est bon, et on rejette ce qui ne vaut rien. Ainsi en sera-t-il à la fin du monde : les anges sortiront pour séparer les méchants du milieu des justes et les jetteront dans la fournaise : là, il y aura des pleurs et des grincements de dents. »

« Avez-vous compris tout cela ? » Ils lui répondent : « Oui. » Jésus ajouta : « C'est pourquoi tout scribe devenu disciple du royaume des Cieux est comparable à un maître de maison qui tire de son trésor du neuf et de l'ancien. » Lorsque Jésus eut terminé ces paraboles, il s'éloigna de là.

Prière sur les offrandes

Regarde les présents que nous t'offrons, nous t'en prions, Seigneur, Dieu de majesté : permets que notre célébration soit d'abord tournée vers ta gloire. Par le Christ, notre Seigneur. ***— Amen.***

Antienne de la communion

Nous trouverons la joie en ton salut,
et la grandeur dans le nom
de notre Dieu. (cf. Ps 19, 6)

OU

Le Christ nous a aimés et s'est livré
lui-même pour nous, s'offrant
en sacrifice à Dieu, comme
un parfum d'agréable odeur. (Ep 5, 2)

Prière après la communion

Que tes sacrements, Seigneur, nous t'en prions, achèvent de produire en nous ce qu'ils contiennent ; puissions-nous saisir dans sa pleine vérité ce que notre célébration préfigure aujourd'hui. Par le Christ, notre Seigneur. ***— Amen.***

INVITATION

Quand ai-je déjà goûté au royaume des Cieux,
dont Jésus nous parle dans les évangiles de cette semaine ?

COMMENTAIRE

Juste ciel

Matthieu 13, 47-53

Pourquoi ces « pleurs » et ces « grincements de dents » quand viendra le royaume des Cieux ? Parce qu'il y a bien un moment où il faut « séparer les méchants du milieu des justes ». À moins que nous ne préférions rester dans un brouillard éternel. Ne serait-ce d'ailleurs pas cela, l'enfer ? Jésus vient nous en délivrer. Les paraboles terminées, il s'éloigne de nos tergiversations. Son chemin continue vers la Croix pour que naisse un monde nouveau. ■

***Nicolas Tarralle,** prêtre assomptionniste*

VENDREDI 4 AOÛT 2023

17E SEMAINE DU TEMPS ORDINAIRE COULEUR LITURGIQUE : BLANC

Saint Jean-Marie Vianney

1786-1859. Le Curé d'Ars mena une vie de prière et de pénitence qui ramena à Dieu une paroisse peu pratiquante. Sa réputation de confesseur attira à lui des milliers de pèlerins.

Antienne d'ouverture

Que la croix de notre Seigneur Jésus Christ
soit ma seule fierté.
Par elle, le monde est crucifié pour moi,
et moi pour le monde. (Ga 6, 14)

Prière

Dieu de puissance et de miséricorde, tu as fait de saint Jean-Marie Vianney un prêtre admirable, passionnément dévoué à son ministère pastoral ; accorde-nous, par sa prière et à son exemple, d'avoir pour nos frères une charité qui les gagne au Christ, et d'obtenir avec eux la gloire éternelle. Par Jésus… ***– Amen.***

Lecture

du livre des Lévites (23, 1.4-11.15-16.27.34b-37)

« Voici les solennités du Seigneur, les assemblées saintes »

Le Seigneur parla à Moïse et dit : « Voici les solennités du Seigneur, les assemblées saintes auxquelles vous convoquerez, aux dates fixées, les fils d'Israël. Le premier mois, le quatorze du mois, au coucher du soleil, ce sera la Pâque en l'honneur du Seigneur. Le quinzième jour de ce même mois, ce sera la fête des Pains sans levain en l'honneur du Seigneur : pendant

sept jours, vous mangerez des pains sans levain. Le premier jour, vous tiendrez une assemblée sainte et vous ne ferez aucun travail, aucun ouvrage. Pendant sept jours, vous présenterez de la nourriture offerte pour le Seigneur. Le septième jour, vous aurez une assemblée sainte et vous ne ferez aucun travail, aucun ouvrage. »

Le Seigneur parla à Moïse et dit : « Parle aux fils d'Israël. Tu leur diras : Quand vous serez entrés dans le pays que je vous donne, et que vous y ferez la moisson, vous apporterez au prêtre la première gerbe de votre moisson. Il la présentera au Seigneur en faisant le geste d'élévation pour que vous soyez agréés. C'est le lendemain du sabbat que le prêtre fera cette présentation.

« À partir du lendemain du sabbat, jour où vous aurez apporté votre gerbe avec le geste d'élévation, vous compterez sept semaines entières. Le lendemain du septième sabbat, ce qui fera cinquante jours, vous présenterez au Seigneur une nouvelle offrande.

« C'est le dixième jour du septième mois qui sera le jour du Grand Pardon. Vous tiendrez une assemblée sainte, vous ferez pénitence, et vous présenterez de la nourriture offerte pour le Seigneur. À partir du quinzième jour de ce septième mois, ce sera pendant sept jours la fête des Tentes en l'honneur du Seigneur. Le premier jour, celui de l'assemblée sainte, vous ne ferez aucun travail, aucun ouvrage. Pendant sept jours, vous présenterez de la nourriture offerte pour le Seigneur. Le huitième jour, vous tiendrez une assemblée sainte, vous présenterez de la nourriture offerte pour le Seigneur : ce sera la clôture de la fête. Vous ne ferez aucun travail, aucun ouvrage. Telles sont les solennités du Seigneur, les assemblées saintes auxquelles vous convoquerez les fils d'Israël, afin de présenter de la nourriture offerte pour le Seigneur, un holocauste et une offrande, un sacrifice et des libations, selon le rite propre à chaque jour. » – Parole du Seigneur.

Psaume 80 (81)

℟ ***Criez de joie pour Dieu, notre force !***

Jouez, musiques, frappez le tambourin,
la harpe et la cithare mélodieuse.
Sonnez du cor pour le mois nouveau,
quand revient le jour de notre fête. ℟

C'est là, pour Israël, une règle,
une ordonnance du Dieu de Jacob ;
il en fit, pour Joseph, une loi
quand il marcha contre la terre d'Égypte. ℟

« Tu n'auras pas chez toi d'autres dieux,
tu ne serviras aucun dieu étranger.
C'est moi, le Seigneur ton Dieu,
qui t'ai fait monter de la terre d'Égypte ! » ℟

Acclamation de l'Évangile

Alléluia. Alléluia. La parole du Seigneur demeure pour toujours ; c'est la Bonne Nouvelle qui vous a été annoncée. ***Alléluia.***

Évangile de Jésus Christ

selon saint Matthieu (13, 54-58)

« N'est-il pas le fils du charpentier ? Alors, d'où lui vient tout cela ? »

En ce temps-là, Jésus se rendit dans son lieu d'origine, et il enseignait les gens dans leur synagogue, de telle manière qu'ils étaient frappés d'étonnement et disaient : « D'où lui viennent cette sagesse et ces miracles ? N'est-il pas le fils du charpentier ? Sa mère ne s'appelle-t-elle pas Marie, et ses frères : Jacques, Joseph, Simon et Jude ? Et ses sœurs ne sont-elles pas toutes chez nous ? Alors, d'où lui vient tout cela ? » Et ils étaient profondément choqués à son sujet.
Jésus leur dit : « Un prophète n'est méprisé que dans son pays et dans sa propre maison. » Et il ne fit pas beaucoup de miracles à cet endroit-là, à cause de leur manque de foi.

Prière sur les offrandes

Dieu éternel et tout-puissant, que descende sur cette offrande sainte la plénitude invisible de l'Esprit ; donne-nous, à la prière de saint Jean-Marie Vianney, d'approcher toujours de ce grand mystère avec un corps chaste et un cœur pur. Par le Christ, notre Seigneur. — ***Amen.***

Antienne de la communion

Je trouve la joie dans les souffrances
que je supporte pour vous ;
ce qui reste à souffrir
des épreuves du Christ
dans ma propre chair,
je l'accomplis pour son corps
qui est l'Église.
(Col 1, 24-25)

Prière après la communion

Fortifiés par le pain du ciel, nous te supplions, Seigneur : grâce à cette nourriture, saint Jean-Marie Vianney endurait sans faiblir toutes les contradictions ; fais-nous progresser de jour en jour par ses mérites et, comme lui, parvenir enfin jusqu'à toi. Par le Christ, notre Seigneur. **— *Amen.***

INVITATION

Et si, en cette fête de Jean-Marie Vianney, je vivais le sacrement de réconciliation ?

COMMENTAIRE

Maison de maître

Matthieu 13, 54-58

La prédication en parabole dans l'évangile d'hier se terminait par l'image du maître de maison qui tire de son trésor du neuf et de l'ancien. La nouveauté du Royaume qui surgit avec Jésus n'est pas séparable de son enracinement dans son lieu d'origine. Mais les gens de Nazareth n'accueillent pas la sagesse et les miracles qui se manifestent à eux, ils préfèrent les assigner à résidence : dans sa propre maison, Jésus ne peut être maître. Et chez nous, règne-t-il ? ■

Nicolas Tarralle, prêtre assomptionniste

SAMEDI 5 AOÛT 2023

17E SEMAINE DU TEMPS ORDINAIRE COULEUR LITURGIQUE : VERT

1er - 5

Temps ordinaire, *suggestion d'oraisons et d'antiennes n° 31*
ou **bienheureuse Vierge Marie,** *voir p. 141*
ou **dédicace de la basilique Sainte-Marie-Majeure,** *voir p. 36*

Antienne d'ouverture

Ne m'abandonne jamais, Seigneur, mon Dieu,
ne sois pas loin de moi. Viens vite à mon aide,
Seigneur, force de mon salut ! (cf. Ps 37, 22-23)

Prière

Dieu de puissance et de miséricorde, c'est ta grâce qui donne à tes fidèles de pouvoir dignement te servir ; nous t'en prions : accorde-nous de courir sans que rien nous arrête vers les biens que tu promets. Par Jésus… ***– Amen.***

Lecture

du livre des Lévites (25, 1.8-17)

« En cette année jubilaire, chacun de vous réintégrera sa propriété »

Le Seigneur parla à Moïse sur le mont Sinaï et dit : « Vous compterez sept semaines d'années, c'est-à-dire sept fois sept ans, soit quarante-neuf ans. Le septième mois, le dix du mois, en la fête du Grand Pardon, vous sonnerez du cor pour l'ovation ; ce jour-là, dans tout votre pays, vous sonnerez du cor. Vous ferez de la cinquantième année une année sainte, et vous proclamerez la libération pour tous les habitants du pays. Ce sera pour vous le jubilé : chacun de vous réintégrera sa propriété, chacun

de vous retournera dans son clan. Cette cinquantième année sera pour vous une année jubilaire : vous ne ferez pas les semailles, vous ne moissonnerez pas le grain qui aura poussé tout seul, vous ne vendangerez pas la vigne non taillée. Le jubilé sera pour vous chose sainte, vous mangerez ce qui pousse dans les champs.
« En cette année jubilaire, chacun de vous réintégrera sa propriété. Si, dans l'intervalle, tu dois vendre ou acheter, n'exploite pas ton compatriote. Quand tu achèteras à ton compatriote, tu tiendras compte des années écoulées depuis le jubilé ; celui qui vend tiendra compte des années qui restent à courir. Plus il restera d'années, plus tu augmenteras le prix ; moins il en restera, plus tu réduiras le prix, car la vente ne concerne que le nombre des récoltes. Tu n'exploiteras pas ton compatriote, tu craindras ton Dieu. Je suis le Seigneur votre Dieu. »
– Parole du Seigneur.

Psaume 66 (67)

℟ ***Que les peuples, Dieu, te rendent grâce ;***
qu'ils te rendent grâce tous ensemble !

Que Dieu nous prenne en grâce
et nous bénisse,
que son visage s'illumine pour nous ;
et ton chemin sera connu sur la terre,
ton salut, parmi toutes les nations. ℟

Que les nations chantent leur joie,
car tu gouvernes le monde avec justice ;
tu gouvernes les peuples avec droiture,
sur la terre, tu conduis les nations. ℟

La terre a donné son fruit ;
Dieu, notre Dieu, nous bénit.

Que Dieu nous bénisse,
et que la terre tout entière l'adore ! ℟

Acclamation de l'Évangile

Alléluia. Alléluia. Heureux ceux qui sont persécutés pour la justice, car le royaume des Cieux est à eux ! ***Alléluia.***

Évangile de Jésus Christ

selon saint Matthieu (14, 1-12)

« Hérode envoya décapiter Jean dans la prison. Les disciples de Jean allèrent l'annoncer à Jésus »

En ce temps-là, Hérode, qui était au pouvoir en Galilée, apprit la renommée de Jésus et dit à ses serviteurs : « Celui-là, c'est Jean le Baptiste, il est ressuscité d'entre les morts*, et voilà pourquoi des miracles se réalisent par lui. » Car Hérode avait fait arrêter Jean, l'avait fait enchaîner et mettre en prison. C'était à cause d'Hérodiade, la femme de son frère Philippe. En effet, Jean lui avait dit : « Tu n'as pas le droit de l'avoir pour femme. » Hérode cherchait à le faire mourir, mais il eut peur de la foule qui le tenait pour un prophète.

Lorsque arriva l'anniversaire d'Hérode, la fille d'Hérodiade dansa au milieu des convives, et elle plut à Hérode. Alors il s'engagea par serment à lui donner ce qu'elle demanderait. Poussée par sa mère, elle dit : « Donne-moi ici, sur un plat, la tête de Jean le Baptiste. » Le roi fut contrarié ; mais à cause de son serment et des convives, il commanda de la lui donner. Il envoya décapiter Jean dans

la prison. La tête de celui-ci fut apportée sur un plat et donnée à la jeune fille, qui l'apporta à sa mère. Les disciples de Jean arrivèrent pour prendre son corps, qu'ils ensevelirent ; puis ils allèrent l'annoncer à Jésus.

Prière sur les offrandes

Seigneur, que ce sacrifice devienne pour toi une offrande pure, et pour nous, le don généreux et saint de ta miséricorde. Par le Christ, notre Seigneur. — ***Amen.***

Antienne de la communion

Tu m'apprends, Seigneur, le chemin
de la vie : devant ta face,
débordement de joie ! (Ps 15, 11)

OU

De même que le Père, qui est vivant,
m'a envoyé, et que moi je vis
par le Père, de même celui
qui me mange, lui aussi vivra
par moi, dit le Seigneur. (Jn 6, 57)

Prière après la communion

Nous t'en prions, Seigneur, augmente en nous la force de ton action, afin que, renouvelés par les sacrements du ciel, nous soyons préparés par ta grâce à recevoir les biens qu'ils promettent. Par le Christ, notre Seigneur. — ***Amen.***

INVITATION

« Marie se leva et partit en hâte. » Je peux méditer sur cette citation
de l'évangile de Luc, choisie comme thème des JMJ.
Comment résonne-t-elle dans ma vie ?

COMMENTAIRE

Responsables et coupables

Matthieu 14, 1-12

Hérodiade demande à sa fille de se faire donner la tête de Jean le Baptiste sur un plat. Hérode commande – sans doute à ses gardes – qu'on la lui apporte. Ni le roi ni Hérodiade ne bougent le moindre petit doigt. La langue suffit. Ils sont pourtant autrement plus coupables que celle qui a dansé et ceux qui ont décapité Jean. La haine de l'une et l'hypocrisie de l'autre sont devenues des désirs assassins. Que Dieu nous en guérisse : cœurs, pensées, paroles. ■

***Nicolas Tarralle**, prêtre assomptionniste*

✻ CLÉ DE LECTURE

« Il est ressuscité d'entre les morts »

Matthieu 14, 2 *(p. 33)*

Nous sommes peu sensibles au maniement de l'ironie dans les récits évangéliques. Il est pourtant fréquent et invite à la réflexion. En affirmant à son entourage que Jésus n'est autre que « Jean le Baptiste [...] ressuscité d'entre les morts », Hérode ne se rend pas compte du caractère prophétique de ses paroles. Il a fait mettre Jean à mort, a vu sa tête sur le plateau, mais il croit à la résurrection des morts des hommes justes et redoute celle de Jean qu'il croit reconnaître dans l'étonnante puissance de Jésus. Le lecteur, qui en sait beaucoup plus qu'Hérode, peut sourire : le roi dit plus vrai qu'il n'imagine, Jésus ressuscitera d'entre les morts et entraînera avec lui dans la vie nouvelle tous les justes qui l'ont précédé. ■

***Roselyne Dupont-Roc**, bibliste*

Dédicace de la basilique Sainte-Marie-Majeure

Couleur liturgique : blanc

La liturgie rappelle aujourd'hui la consécration d'une des quatre grandes basiliques de Rome, dédiée à la Vierge Marie en 432. Le temple de pierre figure la construction spirituelle de l'Église, faite de pierres vivantes.

Antienne d'ouverture

Nous te saluons, Mère très sainte :
tu as mis au monde le Roi
qui gouverne le ciel et la terre
pour les siècles sans fin.

Prière

Seigneur, nous t'en prions : pardonne les péchés de tes serviteurs ; puisque nous ne pouvons te plaire par nos propres actes, que l'intercession de la Mère de ton Fils, notre Seigneur, nous obtienne le salut. Lui qui… ***— Amen.***

Prière sur les offrandes

Dans son amour pour l'humanité, que ton Fils unique vienne à notre secours, Seigneur ; sa naissance n'a pas altéré mais consacré l'intégrité virginale de sa mère ; qu'il nous délivre de nos péchés et te rende agréable cette offrande. Lui qui… ***— Amen.***

Préface de la Vierge Marie, p. 234.

Antienne de la communion

Heureuse la Vierge Marie, qui a porté dans son sein le Fils du Père éternel. (cf. Lc 11, 27)

Prière après la communion

En communiant aux sacrements du ciel, nous implorons ta bonté, Seigneur : puisque nous avons la joie de faire mémoire de la bienheureuse Vierge Marie, rends-nous capables de nous mettre, à son imitation, au service du mystère de notre rédemption. Par Jésus… ***— Amen.***

DIMANCHE 6 AOÛT 2023

TRANSFIGURATION DU SEIGNEUR

ANNÉE A - COULEUR LITURGIQUE : BLANC

« Écoutez-le ! » Le Christ entraîne trois de ses disciples sur une haute montagne, à l'écart. Là, il leur révèle son identité profonde. Il est le Fils bien-aimé du Père, nous pouvons lui faire toute confiance. Au milieu de l'été, ne craignons pas de nous mettre à l'écart. Faisons silence. Laissons-nous saisir par l'amour infini du Fils de l'homme. Écoutons sa voix. Il vient bannir nos craintes. Il nous entraîne sur le chemin de la vie.

RITES INITIAUX

Chant d'entrée *(Suggestions p. 255)*

OU

Antienne d'ouverture

L'Esprit Saint apparut dans la nuée lumineuse,
et la voix du Père se fit entendre : « Celui-ci est mon Fils bien-aimé, en qui je trouve ma joie : écoutez-le ! »
(cf. Mt 17, 5)

Suggestion de préparation pénitentielle *(ou p. 226)*

Frères et sœurs, en ce dimanche où le Christ apparaît à ses disciples dans toute sa gloire, préparons-nous à célébrer le mystère de l'eucharistie en reconnaissant notre péché.

Prends pitié de nous, Seigneur, toi la lampe qui brille dans nos chemins d'obscurité, toi qui nous appelles à marcher dans la joie et l'espérance,

— Nous avons péché contre toi.

Montre-nous, ta miséricorde, ô Christ, tu es parole de vie, tu nous promets d'être un jour ressuscités avec toi,

— Et donne-nous ton salut.

Que Dieu tout-puissant nous fasse miséricorde ; qu'il nous pardonne nos péchés et nous conduise à la vie éternelle. ***— Amen.***

Ensuite, on chante ou on dit le Kyrie (p. 227).

Gloire à Dieu *(p. 228)*

Prière
Seigneur Dieu, dans la transfiguration glorieuse de ton Fils unique, tu as confirmé par le témoignage de Moïse et d'Élie la vérité des mystères de la foi, et tu as donné à l'avance un signe merveilleux de notre pleine adoption filiale ; accorde aux serviteurs que nous sommes d'écouter la voix de ton Fils bien-aimé, afin de pouvoir devenir avec lui tes héritiers. Lui qui… ***— Amen.***

LITURGIE DE LA PAROLE

Lecture du livre du prophète Daniel (7, 9-10.13-14)

« Son habit était blanc comme la neige »

La nuit, au cours d'une vision, moi, Daniel, je regardais : des trônes furent disposés, et un Vieillard prit place ; son habit était blanc comme la neige, et les cheveux de sa tête, comme de la laine immaculée ; son trône était fait de flammes de feu, avec des roues de feu ardent. Un fleuve de feu coulait, qui jaillissait devant lui. Des milliers de milliers le servaient, des myriades de myriades se tenaient devant lui. Le tribunal prit place et l'on ouvrit des livres.
Je regardais, au cours des visions de la nuit, et je voyais venir, avec les nuées du ciel, comme un Fils d'homme ; il parvint jusqu'au Vieillard, et on le fit avancer devant lui. Et il lui fut donné domination, gloire

et royauté ; tous les peuples, toutes les nations et les gens de toutes langues le servirent. Sa domination est une domination éternelle, qui ne passera pas, et sa royauté, une royauté qui ne sera pas détruite. – Parole du Seigneur.

Psaume 96 (97)

℟ *Le Seigneur est roi, le Très-Haut sur toute la terre !*

T. : AELF ; M. : J.-P. Lécot ; Éd. : ADF.

Le Seigneur est roi ! Exulte la terre !
Joie pour les îles sans nombre !
Ténèbre et nuée l'entourent,
justice et droit sont l'appui de son trône. ℟

Retrouvez ce psaume sur le CD "Les psaumes de l'année A"

Quand ses éclairs illuminèrent le monde,
la terre le vit et s'affola ;
les montagnes fondaient comme cire devant le Seigneur,
devant le Maître de toute la terre. ℟

Les cieux ont proclamé sa justice,
et tous les peuples ont vu sa gloire.
Tu es, Seigneur, le Très-Haut sur toute la terre :
tu domines de haut tous les dieux. ℟

Lecture de la deuxième lettre de saint Pierre apôtre (1, 16-19)

« Cette voix venant du ciel, nous l'avons nous-mêmes entendue »

Bien-aimés, ce n'est pas en ayant recours à des récits imaginaires sophistiqués que nous vous avons fait connaître la puissance et la venue de notre Seigneur Jésus Christ, mais c'est pour avoir été les témoins oculaires de sa grandeur. Car il a reçu de Dieu le Père l'honneur et la gloire quand, depuis la Gloire magnifique, lui parvint une voix qui disait : *Celui-ci est mon Fils, mon bien-aimé ; en lui j'ai toute ma joie.* Cette voix venant du ciel, nous l'avons nous-mêmes entendue quand nous étions avec lui sur la montagne sainte. Et ainsi se confirme pour nous la parole prophétique ; vous faites bien de fixer votre attention sur elle, comme sur une lampe brillant dans un lieu obscur jusqu'à ce que paraisse le jour et que l'étoile du matin se lève dans vos cœurs. – Parole du Seigneur.

Acclamation de l'Évangile

Alléluia. Alléluia. Celui-ci est mon Fils bien-aimé, en qui je trouve ma joie : écoutez-le ! ***Alléluia.***

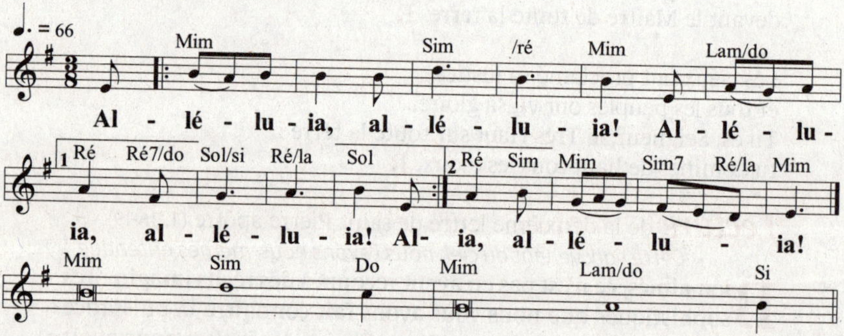

T. : AELF; M. : P. Robert.

Évangile de Jésus Christ selon saint Matthieu (17, 1-9)

« Son visage devint brillant comme le soleil »

En ce temps-là, Jésus prit avec lui Pierre, Jacques et Jean son frère, et il les emmena à l'écart, sur une haute montagne. Il fut transfiguré devant eux; son visage devint brillant comme le soleil, et ses vêtements, blancs comme la lumière. Voici que leur apparurent Moïse et Élie, qui s'entretenaient avec lui. Pierre alors

prit la parole et dit à Jésus : « Seigneur, il est bon que nous soyons ici ! Si tu le veux, je vais dresser ici trois tentes, une pour toi, une pour Moïse, et une pour Élie. » Il parlait encore, lorsqu'une nuée lumineuse les couvrit de son ombre, et voici que, de la nuée, une voix disait : « Celui-ci est mon Fils bien-aimé ; en qui je trouve ma joie : écoutez-le ! » Quand ils entendirent cela, les disciples tombèrent face contre terre et furent saisis d'une grande crainte. Jésus s'approcha, les toucha et leur dit : « Relevez-vous et soyez sans crainte ! » Levant les yeux, ils ne virent plus personne, sinon lui, Jésus, seul.
En descendant de la montagne, Jésus leur donna cet ordre : « Ne parlez de cette vision à personne, avant que le Fils de l'homme soit ressuscité d'entre les morts. »

Homélie

Profession de foi (p. 229)

Suggestion de prière universelle

Le prêtre :

Si le Christ nous invite à écouter ses paroles de vie, il se laisse aussi toucher par nos humbles demandes. En toute confiance, tournons-nous vers lui.

℟ ***Entends, Seigneur, la prière qui monte de nos cœurs.***

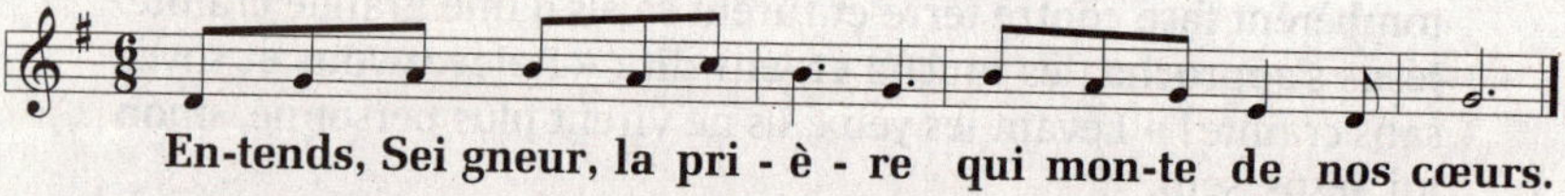

Bayard Liturgie.

Le diacre ou un lecteur :

« Jésus les emmena sur une haute montagne. » Ô Christ, nous te remercions pour les jeunes qui t'ont donné de leur temps pour vivre les Journées mondiales de la jeunesse. Que ces journées les aident à témoigner de l'Évangile par leur vie. Avec l'Église universelle, nous te prions. ℟

« Son visage devint brillant comme le soleil. » Ô Christ, nous te remercions pour celles et ceux qui, en cet été, prennent un temps de retraite ou partent en pèlerinage. Qu'à travers ces moments hors du temps, ces personnes découvrent davantage encore la grandeur de ton amour. Avec joie, nous te prions. ℟

« Soyez sans crainte. » Ô Christ, nous te remercions pour les personnes qui, à travers le monde, se battent pour davantage de justice et de paix. Qu'elles reçoivent de toi la force, la sérénité et le courage d'avancer malgré les difficultés de la vie. Avec foi, nous te prions. ℟

« Il les emmena à l'écart. » Ô Christ, nous te remercions pour celles et ceux qui visitent les malades et les personnes isolées de notre paroisse. Qu'ils ne cessent d'être des témoins lumineux de ta compassion et de ta bonté. Avec espérance, nous te prions. ℟

(Ces intentions seront adaptées ou modifiées selon les circonstances.)

Le prêtre : Seigneur Jésus, toi qui t'es révélé à tes disciples sur une haute montagne, nous t'en prions, écoute nos prières, daigne les exaucer, toi qui vis et règnes pour les siècles des siècles. ***– Amen.***

LITURGIE EUCHARISTIQUE

Prière sur les offrandes

Sanctifie nos offrandes, Seigneur, par la transfiguration glorieuse de ton Fils unique ; et, dans la splendeur de son rayonnement, purifie-nous des souillures du péché. Par le Christ, notre Seigneur. ***– Amen.***

Prière eucharistique

(Préface de la Transfiguration)

Vraiment, il est juste et bon, pour ta gloire et notre salut, de t'offrir notre action de grâce, toujours et en tout lieu, Seigneur, Père très saint,

Dieu éternel et tout-puissant, par le Christ, notre Seigneur. Car il a révélé sa gloire aux témoins qu'il avait choisis, le jour où, en son corps semblable au nôtre, se répandit une splendeur incomparable ; il préparait ainsi le cœur de ses disciples à surmonter le scandale de la croix, il manifestait que s'accomplirait dans le Corps tout entier de l'Église ce qui déjà rayonnait de manière admirable en lui qui en est la tête. C'est pourquoi, avec les puissances des cieux, nous pouvons te bénir sur la terre et t'adorer sans fin en proclamant : ***Saint ! Saint ! Saint...***

Chant de communion *(Suggestions p. 255)*

OU

Antienne de la communion

Quand le Christ se manifestera, nous lui serons semblables car nous le verrons tel qu'il est.
(cf. 1 Jn 3, 2)

Prière après la communion

Nous t'en prions, Seigneur, que cette nourriture venue du ciel nous transforme en l'image de ton Fils dont tu as révélé la splendeur par la gloire de la Transfiguration. Lui qui… ***— Amen.***

RITE DE CONCLUSION

Bénédiction et envoi

COMMENTAIRE DU DIMANCHE

Tommy Scholtes, prêtre jésuite, *Prions en Église* Belgique

« Écoutez-le ! »

La fête de la Transfiguration tombe un dimanche. Nous la célébrons un peu comme une Pâque, comme une révélation de Jésus dans sa gloire. Après Pâques, Jésus se manifeste comme vivant et les disciples ont bien du mal à le reconnaître, tant leurs yeux sont obscurcis par la tristesse vécue durant la Passion. C'est comme s'ils avaient oublié le moment de la Transfiguration qui constitue un avertissement. Là, Jésus est dans la vie ordinaire. Il prend avec lui quelques disciples qui deviennent les témoins privilégiés de sa transfiguration. Manifestation lumineuse au cœur de la vie ordinaire, des disciples, et de chacun d'entre nous. Pour que nous entendions la parole du Père : « Celui-ci est mon Fils bien-aimé ; en qui je trouve ma joie : écoutez-le ! » Par là, il nous redit aussi à quel point nous sommes les enfants bien-aimés du Père. Baptisés « au nom du Père, et du Fils et du Saint-Esprit », •••

••• nous vivons déjà la communion et la joie parfaite de Dieu. Au-delà de nos obscurités, de nos soucis et inquiétudes. Jésus, « une lampe brillant dans un lieu obscur jusqu'à ce que paraisse le jour ». Oui, la Transfiguration est ce moment inouï où Jésus se manifeste en gloire. Les disciples le vivent comme un moment d'éternité qu'ils veulent faire durer et, pourtant, il n'est qu'un moment. Jésus se montre tel qu'il est aux disciples comme à nous. Et il est bien celui que l'Ancien Testament annonçait. « Signes par milliers », chante-t-on quelquefois. Tous les signes annonciateurs prédisent que celui qui vient et celui qui est là, c'est Dieu qui se manifeste. Reconnaître cette présence est faire acte de foi pour que notre vie entière en soit éclairée. Et la demande « Écoutez-le » vaut pour tous les jours. Méditer la Parole, vivre les sacrements et la solidarité avec ses frères et sœurs... trois propositions à enraciner dans nos cœurs.

Où puis-je reconnaître en vérité que le Seigneur illumine ma vie ? Quels voiles embrument mon regard, m'empêchant de le contempler à l'œuvre ? ■

PrionsenÉglise junior

LIRE L'ÉVANGILE AVEC LES ENFANTS

6 - 12

CE QUE JE DÉCOUVRE

La montagne est le lieu où Dieu se manifeste. C'est sur une montagne que Dieu donne les Dix Commandements à Moïse. Dieu apparaît aussi au prophète Élie sur une montagne. Rien d'étonnant que Moïse et Élie soient à nouveau sur cette montagne ! Dieu, le Père, habite en Jésus. **Désormais, Dieu ne passera plus par des lois ou par des prophètes pour nous parler, mais par Jésus directement !**

CE QUE JE VIS

Qu'as-tu vu d'étonnant aujourd'hui ?
Fais-tu parfois des promesses ? À qui ?
Quand as-tu passé du temps avec Jésus ?
Aujourd'hui, prie sur ton lit. C'est ta haute montagne où tu rencontreras Dieu dans la prière !

Texte : Cédric Kuntz. Illustrations : Marcelino Truong

MÉDITATION BIBLIQUE

TRANSFIGURATION DU SEIGNEUR

Livre du prophète Daniel 7, 9-10.13-14

Du Fils d'homme au Fils de Dieu

Le livre de Daniel n'a pas été choisi au hasard comme première lecture en cette fête de la Transfiguration. Il constitue un maillon important de l'attente messianique avec la figure du Fils d'homme à laquelle Jésus s'est identifié et qu'il a utilisée pour parler de lui-même.

Le temps de la préparation

« Le Seigneur est roi ! Exulte la terre ! » (Ps 96, 1)

Le temps de l'observation

Le livre de Daniel voit le jour alors qu'Israël est occupé par les armées d'Antiochos IV (175-164 av. J.C.), qui ont profané le Temple de Jérusalem. Quiconque refuse de renier sa foi est passible de mort. Le livre de Daniel constitue un message d'espérance pour le peuple opprimé qui résiste tant bien que mal. Les extraits proposés aujourd'hui relèvent de la littérature apocalyptique, centrée sur la victoire définitive de Dieu sur les forces du Mal. Ils articulent deux visions. La première est celle d'un « Vieillard » représentant Dieu, l'Éternel, en sa fonction de Roi et de Juge équitable

– équité signifiée par la blancheur de son vêtement. Son trône est muni de roues, comme le char divin d'Ézékiel (Ez 1 ; 10) – une façon de dire que Dieu se rend présent à son peuple, même sur une terre profanée par le paganisme. Quant à la seconde vision, elle est celle d'un « Fils d'homme », un personnage mystérieux, qui apparaît comme un intermédiaire entre le ciel – il vient « avec les nuées » – et la terre, ainsi que l'évoque son nom.

Le temps de la méditation

C'est une scène d'intronisation que le texte nous présente, le Fils d'homme recevant de Dieu la royauté sur tous les peuples, laquelle ne passera jamais. Puis, Daniel l'associe au peuple des saints « qui resplendiront comme la lumière du firmament » (Dn 12, 3). Rien d'étonnant à ce que les chrétiens aient lu le chapitre 7 du livre de Daniel comme une annonce du Christ en sa gloire et dans la royauté universelle que le Père lui confère (cf. 1 Co 15, 25-28). Gloire qui se manifeste lors de la Transfiguration où apparaît la divinité du Fils éternel enfouie dans l'humanité de Jésus. Gloire qui se manifestera au jour de la Résurrection et, plus encore, de son retour à la fin des temps. Une gloire que nous partagerons en tant que membres de son corps, mais dont nous pouvons déjà goûter les prémices dans la mesure où nous nous enfouissons dans la prière et laissons le Christ exercer en nous sa royauté.

Le temps de la prière

« Je t'exalterai, mon Dieu, mon Roi, je bénirai ton nom toujours et à jamais ! » (Ps 144, 1) ■

Emmanuelle Billoteau, ermite

L'ÉVÉNEMENT

JOURNÉES MONDIALES DE LA JEUNESSE 2023

Ensemble avec François

Les Journées mondiales de la jeunesse (JMJ) ont lieu à Lisbonne (Portugal) du 1er au 6 août. Le pape François, qui a choisi cette année pour thème « Marie se leva, et s'en alla en hâte » (Lc 1, 39), y est présent du 3 au 6 août.

Les XXXVIIes Journées mondiales de la jeunesse (JMJ) ont lieu cette année du mardi 1er août au dimanche 6 août 2023, à Lisbonne, au Portugal, en compagnie du pape François (du jeudi 3 au samedi 6 août). Diane, 26 ans, s'y rend avec la petite communauté catholique d'Asie Centrale. Ayant pèleriné pendant un an au sein des pays de cette région, la jeune femme est ravie de « retrouver la communauté qui n'est pas nombreuse, pour vivre la joie de l'Église universelle », avec ces personnes qui ne « possèdent pas la même chance que nous, croyants français, qui sommes si bien entourés ».

Les centaines de milliers de participants se rendent à diverses activités, comme des catéchèses, des tables rondes, des moments conviviaux ou encore des festivals et prient ensemble lors de célébrations

DR

◀ **Affiche des 37es Journées mondiales de la jeunesse.**

eucharistiques et veillées de prière. Outre la cérémonie d'accueil, le jeudi 3, et un chemin de croix, les jeunes vivront avec le Saint-Père une grande soirée de témoignage et de prière au parc du Tage à Lisbonne, le samedi 5. Le lendemain, la messe de clôture lors de laquelle le pape annoncera la ville qui accueillera la prochaine édition des JMJ. ■

Anne-Quitterie Jozeau,
journaliste

SUIVRE LES JMJ DEPUIS CHEZ SOI

Divers canaux permettent à ceux qui ne participent pas aux JMJ de les suivre. La télévision KTO retransmet les cérémonies avec le pape François et diffuse plusieurs flashs dédiés à l'événement. Radio Notre-Dame et RCF ont une programmation commune, comprenant deux émissions par jour. Par ailleurs, la Conférence des évêques de France (CEF) prévoit de publier chaque jour sur son site internet et les réseaux sociaux des photos, vidéos et articles.

Renseignements : ktotv.com – rcf.fr – radionotredame.net – eglise.catholique.fr

LUNDI 7 AOÛT 2023

18E SEMAINE DU TEMPS ORDINAIRE COULEUR LITURGIQUE : VERT

Temps ordinaire, *suggestion d'oraisons et d'antiennes n° 32*
ou **saint Gaétan**
ou **saint Sixte II et ses compagnons**

Antienne d'ouverture

Que ma prière parvienne jusqu'à toi ;
ouvre ton oreille à ma plainte, Seigneur. (cf. Ps 87, 3)

Prière

Dieu de puissance et de miséricorde, éloigne de nous, dans ta bonté, tout ce qui nous arrête, afin que sans aucune entrave, ni d'esprit ni de corps, nous accomplissions d'un cœur libre ce qui vient de toi. Par Jésus… — ***Amen.***

Lecture

du livre des Nombres (11, 4b-15)

« Je ne puis, à moi seul, porter tout ce peuple »

En ces jours-là, dans le désert, les fils d'Israël se remirent à pleurer : « Ah ! qui donc nous donnera de la viande à manger ? Nous nous rappelons encore le poisson que nous mangions pour rien en Égypte, et les concombres, les melons, les poireaux, les oignons et l'ail ! Maintenant notre gorge est desséchée ; nous ne voyons jamais rien que de la manne ! » La manne était comme des grains de coriandre, elle ressemblait à de l'ambre jaune. Le peuple se dispersait pour la recueillir ; puis on la broyait sous la meule, ou on l'écrasait au pilon ; enfin on la cuisait dans la

marmite et on en faisait des galettes. Elle avait le goût d'une friandise à l'huile. Lorsque, pendant la nuit, la rosée descendait sur le camp, la manne descendait sur elle.

Moïse entendit pleurer le peuple, groupé par clans, chacun à l'entrée de sa tente. Le Seigneur s'enflamma d'une grande colère. Cela déplut à Moïse, et il dit au Seigneur : « Pourquoi traiter si mal ton serviteur ? Pourquoi n'ai-je pas trouvé grâce à tes yeux que tu m'aies imposé le fardeau de tout ce peuple ? Est-ce moi qui ai conçu tout ce peuple, est-ce moi qui l'ai enfanté, pour que tu me dises : "Comme on porte un nourrisson, porte ce peuple dans tes bras jusqu'au pays que j'ai juré de donner à tes pères" ? Où puis-je trouver de la viande pour en donner à tout ce peuple, quand ils viennent pleurer près de moi en disant : "Donne-nous de la viande à manger" ? Je ne puis, à moi seul, porter tout ce peuple : c'est trop lourd pour moi. Si c'est ainsi que tu me traites, tue-moi donc ; oui, tue-moi, si j'ai trouvé grâce à tes yeux. Que je ne voie pas mon malheur ! »

– Parole du Seigneur.

Psaume 80 (81)

℟ ***Criez de joie pour Dieu, notre force !***

« Mon peuple n'a pas écouté ma voix,
Israël n'a pas voulu de moi.
Je l'ai livré à son cœur endurci :
qu'il aille et suive ses vues ! ℟

« Ah ! Si mon peuple m'écoutait,
Israël, s'il allait sur mes chemins !
Aussitôt j'humilierais ses ennemis,
contre ses oppresseurs
je tournerais ma main. ℟

« Mes adversaires s'abaisseraient devant lui ;
tel serait leur sort à jamais !

Je le nourrirais de la fleur du froment,
je le rassasierais avec le miel du rocher ! » ℟

Acclamation de l'Évangile

Alléluia. Alléluia. L'homme ne vit pas seulement de pain, mais de toute parole qui sort de la bouche de Dieu. ***Alléluia.***

Évangile de Jésus Christ

selon saint Matthieu (14, 13-21)

« Levant les yeux au ciel, il prononça la bénédiction ; il rompit les pains, il les donna aux disciples, et les disciples les donnèrent à la foule »

En ce temps-là, quand Jésus apprit la mort de Jean le Baptiste, il se retira et partit en barque pour un endroit désert, à l'écart. Les foules l'apprirent et, quittant leurs villes, elles suivirent à pied. En débarquant, il vit une grande foule de gens ; il fut saisi de compassion envers eux et guérit leurs malades.

Le soir venu, les disciples s'approchèrent et lui dirent : « L'endroit est désert et l'heure est déjà avancée. Renvoie donc la foule : qu'ils aillent dans les villages s'acheter de la nourriture ! » Mais Jésus leur dit : « Ils n'ont pas besoin de s'en aller. Donnez-leur vous-mêmes à manger. » Alors ils lui disent : « Nous n'avons là que cinq pains et deux poissons. » Jésus dit : « Apportez-les moi. » Puis, ordonnant à la foule de s'asseoir sur l'herbe, il prit les cinq pains et les deux poissons, et, levant les yeux au ciel, il prononça la bénédiction ; il rompit les pains, il les donna aux disciples, et les disciples les donnèrent à la foule.

Ils mangèrent tous et ils furent rassasiés. On ramassa les morceaux qui restaient : cela faisait douze paniers pleins. Ceux qui avaient mangé étaient environ cinq mille, sans compter les femmes et les enfants.

Prière sur les offrandes

Sur les offrandes que nous présentons pour le sacrifice, nous t'en prions, Seigneur, jette un regard favorable, afin que, par la ferveur de notre amour, nous obtenions ce que nous célébrons dans le mystère de la passion de ton Fils. Lui qui… — ***Amen.***

Antienne de la communion

Le Seigneur est mon berger :
je ne manque de rien.
Sur des prés d'herbe fraîche,
il me fait reposer.
Il me mène vers les eaux
tranquilles et me fait revivre.
(Ps 22, 1-2)
OU
Les disciples reconnurent
le Seigneur Jésus
à la fraction du pain,
alléluia. (cf. Lc 24, 35)

Prière après la communion

Fortifiés par le don très saint que tu nous fais, Seigneur, nous te rendons grâce et nous implorons ta bonté : que, par le don de ton Esprit, ceux qui ont reçu la force d'en haut aient la grâce de persévérer dans la droiture. Par le Christ, notre Seigneur. — ***Amen.***

INVITATION

Par quel geste de solidarité puis-je participer concrètement à la multiplication des « pains » de l'Évangile ?

COMMENTAIRE

Humain, trop humain

Matthieu 14, 13-21

Après avoir béni et rompu les pains, Jésus les offre à ses disciples pour qu'ils les distribuent. Il n'agit pas directement mais rassasie la foule affamée par l'intermédiaire des Apôtres. Ce geste trouve son prolongement dans les sacrements. La grâce est donnée par Dieu, surabondante, mais elle se plaît à emprunter des canaux humains, parfois trop humains à nos yeux. Pas d'incarnation sans la médiation de l'Église. ■

***Bénédicte de la Croix**, cistercienne*

MARDI 8 AOÛT 2023

18E SEMAINE DU TEMPS ORDINAIRE COULEUR LITURGIQUE : BLANC

Saint Dominique

Vers 1170-1221. Fondateur de l'ordre des Frères prêcheurs (dominicains). Il lutta contre la propagation du catharisme par la prédication évangélique et par l'exemple d'une pauvreté radicale.

6 - 12

Antienne d'ouverture

Dans son Église, le Seigneur lui a donné la parole ; il l'a rempli de l'esprit de sagesse et d'intelligence, et l'a revêtu de gloire. (cf. Si 15, 5)

Prière

Accorde à ton Église, Seigneur, de trouver un secours dans les mérites et les enseignements de saint Dominique : que, dans sa grande bonté, il intercède pour nous, après avoir été un prédicateur éminent de ta vérité. Par Jésus… — ***Amen.***

Lecture

du livre des Nombres (12, 1-13)

« Pourquoi avez-vous osé critiquer mon serviteur Moïse ?
C'est de vive voix que je lui parle »

En ces jours-là, parce que Moïse avait épousé une femme éthiopienne, sa sœur Miryam et son frère Aaron se mirent à le critiquer. Ils disaient : « Le Seigneur parle-t-il uniquement par Moïse ? Ne parle-t-il pas aussi par nous ? » Le Seigneur entendit. – Or, Moïse était très humble, l'homme le plus humble que la terre ait porté. Soudain, le Seigneur dit à Moïse, à Aaron et à Miryam : « Sortez tous les trois pour aller à la tente de la Rencontre. » Ils sortirent tous les trois. Le Seigneur descendit dans la colonne de nuée et s'arrêta à l'entrée de la Tente. Il appela Aaron et

Miryam ; tous deux s'avancèrent, et il leur dit : « Écoutez bien mes paroles : Quand il y a parmi vous un prophète du Seigneur, je me fais connaître à lui dans une vision, je lui parle dans un songe. Il n'en est pas ainsi pour mon serviteur Moïse, lui qui, dans toute ma maison, est digne de confiance : c'est de vive voix que je lui parle, dans une vision claire et non pas en énigmes ; ce qu'il regarde, c'est la forme même du Seigneur. Pourquoi avez-vous osé critiquer mon serviteur Moïse ? » La colère du Seigneur s'enflamma contre eux, puis il s'en alla. La nuée s'éloigna de la tente, et voici : Miryam était couverte d'une lèpre blanche comme de la neige. Aaron se tourna vers elle, et voici qu'elle était lépreuse. Il dit alors à Moïse : « Je t'en supplie, mon seigneur, ne fais pas retomber sur nous ce péché que nous avons eu la folie de commettre. Que Miryam ne soit pas comme l'enfant mort-né dont la chair est à demi rongée lorsqu'il sort du sein de sa mère ! » Moïse cria vers le Seigneur : « Dieu, je t'en prie, guéris-la ! » – Parole du Seigneur.

Psaume 50 (51)

℟ ***Pitié, Seigneur, car nous avons péché !***

Pitié pour moi, mon Dieu, dans ton amour,
selon ta grande miséricorde, efface mon péché.
Lave-moi tout entier de ma faute,
purifie-moi de mon offense. ℟

Oui, je connais mon péché,
ma faute est toujours devant moi.
Contre toi, et toi seul, j'ai péché,
ce qui est mal à tes yeux, je l'ai fait. ℟

Crée en moi un cœur pur, ô mon Dieu,
renouvelle et raffermis au fond de moi mon esprit.
Ne me chasse pas loin de ta face,
ne me reprends pas ton esprit saint. ℟

Acclamation de l'Évangile

Alléluia. Alléluia. Rabbi, c'est toi le Fils de Dieu ! C'est toi le roi d'Israël ! ***Alléluia.***

Évangile de Jésus Christ

selon saint Matthieu (14, 22-36)

« Seigneur, ordonne-moi de venir vers toi sur les eaux »

Jésus avait nourri la foule dans le désert. Aussitôt il obligea les disciples à monter dans la barque et à le précéder sur l'autre rive, pendant qu'il renverrait les foules. Quand il les eut renvoyées, il gravit la montagne, à l'écart, pour prier. Le soir venu, il était là, seul. La barque était déjà à une bonne distance de la terre, elle était battue par les vagues, car le vent était contraire.

Vers la fin de la nuit, Jésus vint vers eux en marchant sur la mer. En le voyant marcher sur la mer, les disciples furent bouleversés. Ils dirent : « C'est un fantôme. » Pris de peur, ils se mirent à crier. Mais aussitôt Jésus leur parla : « Confiance ! c'est moi ; n'ayez plus peur ! » Pierre prit alors la parole : « Seigneur, si c'est bien toi, ordonne-moi de venir vers toi sur les eaux. » Jésus lui dit : « Viens ! » Pierre descendit de la barque et marcha sur les eaux pour aller vers Jésus. Mais, voyant la force du vent, il eut peur et, comme il commençait à enfoncer, il cria : « Seigneur, sauve-moi ! » Aussitôt, Jésus étendit la main, le saisit et lui dit : « Homme de peu de foi*, pourquoi as-tu douté ? » Et quand ils furent montés dans la barque, le vent tomba. Alors ceux qui étaient dans la barque se prosternèrent devant lui, et ils lui dirent : « Vraiment, tu es le Fils de Dieu ! » Après la traversée, ils abordèrent à Génésareth. Les gens de cet endroit reconnurent Jésus; ils firent avertir toute la région, et on lui amena tous les malades. Ils le suppliaient de leur laisser seulement toucher la frange de son manteau, et tous ceux qui le faisaient furent sauvés.

Prière sur les offrandes

Par l'intercession de saint Dominique, écoute avec bienveillance, Seigneur, les prières que nous te présentons; et, par la puissance de ce sacrifice, soutiens ceux qui luttent pour la foi, en leur donnant la protection de ta grâce. Par le Christ, notre Seigneur. **— *Amen.***

Antienne de la communion

Voici le serviteur fidèle et avisé
que le maître a établi sur sa maison,
pour donner à chacun,
en temps voulu, sa part de blé.
(cf. Lc 12, 42)

Prière après la communion

Seigneur, en ce jour où nous faisons mémoire de saint Dominique, tu nous as donné en nourriture le sacrement du ciel; fais que ton Église, ardente à te servir, en reçoive toute la force, et soit soutenue par la prière de celui qui l'éclaira de sa prédication. Par le Christ, notre Seigneur. **— *Amen.***

INVITATION

« N'ayez plus peur ! », invite Jésus. Je nomme mes peurs et les dépose à ses pieds dans ma prière.

COMMENTAIRE

Un homme sur la mer ! Matthieu 14, 22-36

Comme il est beau, Pierre, s'élançant sur les flots à la voix du Maître. Comme il nous ressemble lorsque, gagné par la peur, il commence à couler ! Ce récit interroge sur notre confiance. Tant que le pêcheur de Galilée s'appuie sur la parole du Maître, il marche sur la mer, mais il sombre vite, aspiré par le doute. Au cœur de l'épreuve, fixons notre regard sur Jésus. Sa main, toujours tendue, nous sauve des affres de la souffrance et de la mort. ■

Bénédicte de la Croix, *cistercienne*

✻ CLÉ DE LECTURE

« Homme de peu de foi » Matthieu 14, 31 *(p. 61)*

« De peu de foi », « oligopistos », un adjectif grec amusant, que Matthieu forge et qu'il met quatre fois dans la bouche de Jésus pour caractériser les disciples et, ici, Pierre qui doute, perd pied et s'enfonce dans la mer. Pierre fait confiance à Jésus, sa foi est indéniable, mais elle est courte et fragile devant l'épreuve. Pour vérifier sa foi, il s'est peut-être surestimé, et s'est d'abord « jeté à l'eau », vers celui qu'il veut tant rejoindre. Mais secoué par le vent et les vagues, il se laisse submerger et supplie : « Seigneur, sauve-moi ! » Pierre, dans lequel chacun de nous peut se reconnaître, abandonnera Jésus au moment de son arrestation. Mais un jour, le Ressuscité balaiera ses doutes et le lancera dans l'aventure risquée de la mission. ■

Roselyne Dupont-Roc, *bibliste*

MERCREDI 9 AOÛT 2023

COULEUR LITURGIQUE

Sainte Thérèse-Bénédicte de la Croix (Edith Stein)

1891-1942. Née dans une famille juive, Edith Stein découvrit la foi chrétienne et entra au Carmel à 42 ans. Arrêtée par les nazis, elle mourut à Auschwitz. Copatronne de l'Europe.

Antienne d'ouverture

Que la croix de notre Seigneur Jésus Christ soit ma seule fierté.
Par elle, le monde est crucifié pour moi, et moi pour le monde. (Ga 6, 14)

Gloire à Dieu *(p. 228)*

Prière

Dieu de nos pères, tu as conduit la sainte martyre Thérèse-Bénédicte à connaître ton Fils crucifié et à l'imiter jusque dans la mort ; par son intercession, accorde à tous de reconnaître dans le Christ leur Sauveur et, grâce à lui, de parvenir à te contempler pour l'éternité. Lui qui… ***— Amen.***

Lectures propres à la fête de sainte Thérèse-Bénédicte de la Croix.

Lecture

du livre du prophète Osée (2, 16b.17b.21-22)

« Je ferai de toi mon épouse pour toujours »

Ainsi parle le Seigneur : Mon épouse infidèle, je vais l'entraîner jusqu'au désert, et je lui parlerai cœur à cœur. Là, elle me répondra comme au temps de sa jeunesse, au jour où elle est sortie du pays d'Égypte. Je ferai de toi mon épouse pour toujours, je ferai

de toi mon épouse dans la justice et le droit, dans la fidélité et la tendresse ; je ferai de toi mon épouse dans la loyauté, et tu connaîtras le Seigneur.

– Parole du Seigneur.

Psaume 44 (45)

℟ ***Écoute, ma fille, regarde et tends l'oreille.***

Écoute, ma fille, regarde et tends l'oreille ;
oublie ton peuple et la maison de ton père :
le roi sera séduit par ta beauté.
Il est ton Seigneur :
prosterne-toi devant lui. ℟

Fille de roi, elle est là, dans sa gloire,
vêtue d'étoffes d'or ;
on la conduit, toute parée, vers le roi.
Des jeunes filles, ses compagnes,
lui font cortège. ℟

On les conduit parmi les chants de fête :
elles entrent au palais du roi.
À la place de tes pères se lèveront tes fils ;
sur toute la terre
tu feras d'eux des princes. ℟

Acclamation de l'Évangile

Alléluia, alléluia. Viens, épouse du Christ, reçois la couronne, que le Seigneur t'a préparée pour l'éternité. ***Alléluia.***

Évangile de Jésus Christ
selon saint Matthieu (25, 1-13)

« Voici l'époux ! Sortez à sa rencontre »

En ce temps-là, Jésus disait à ses disciples cette parabole : « Le royaume des Cieux sera comparable à dix jeunes filles invitées à des noces, qui prirent leur lampe pour sortir à la rencontre de l'époux. Cinq d'entre elles étaient insouciantes, et cinq étaient prévoyantes : les insouciantes avaient pris leur lampe sans emporter d'huile, tandis que les prévoyantes avaient pris, avec leurs lampes, des flacons d'huile. Comme l'époux tardait, elles s'assoupirent toutes et s'endormirent.

« Au milieu de la nuit, il y eut un cri : "Voici l'époux ! Sortez à sa rencontre." Alors toutes ces jeunes filles se réveillèrent et se mirent à préparer leur lampe. Les insouciantes demandèrent aux prévoyantes : "Donnez-nous de votre huile, car nos lampes s'éteignent." Les prévoyantes leur répondirent : "Jamais cela ne suffira pour nous et pour vous, allez plutôt chez les marchands vous en acheter." Pendant qu'elles allaient en acheter, l'époux arriva. Celles qui étaient prêtes entrèrent avec lui dans la salle des noces, et la porte fut fermée. Plus tard, les autres jeunes filles arrivèrent à leur tour et dirent : "Seigneur, Seigneur, ouvre-nous !" Il leur répondit : "Amen, je vous le dis : je ne vous connais pas*."

« Veillez donc, car vous ne savez ni le jour ni l'heure. »

Prière sur les offrandes

Dans ta bonté, Seigneur, accepte les présents que nous voulons te consacrer, en mémoire de la sainte martyre Thérèse-Bénédicte, et rends-les parfaits, toi qui as mené à leur perfection les multiples sacrifices de la première Alliance dans l'unique sacrifice offert par ton Fils en son propre sang. Lui qui… — ***Amen.***

Antienne de la communion

Si je traverse les ravins de la mort,
je ne crains aucun mal,
car tu es avec moi, Seigneur.
(Ps 22, 4)

Prière après la communion

En ce jour où nous honorons sainte Thérèse-Bénédicte, Dieu de grande bonté, nous te prions : que les fruits de l'arbre de la croix donnent force à nos cœurs ; fidèlement attachés au Christ en ce monde, nous pourrons, au paradis, manger du fruit de l'arbre de la vie. Par le Christ, notre Seigneur.
— ***Amen.***

INVITATION

Quel moment de qualité puis-je passer avec mes enfants, mes petits-enfants, ou tout autre personne ? Téléphone éteint, entièrement présent.

COMMENTAIRE

Le peuple de Dieu

L'Église célèbre Edith Stein, sœur Thérèse-Bénédicte de la Croix. Philosophe juive convertie au christianisme, elle est carmélite lorsque l'antisémitisme fait basculer son existence. Alors qu'elle est arrêtée avec sa sœur de sang, Rosa, on l'entend prononcer : « Allons pour notre peuple. » Elle offre sa vie pour les siens persécutés. Chacun de nous a un « peuple », aux mille visages. Dans la prière, présentons-les à Dieu. Pour eux, avançons dans la foi ! ■

***Bénédicte de la Croix**, cistercienne*

✻ CLÉ DE LECTURE

« Je ne vous connais pas »

Matthieu 25, 12 *(p. 66)*

Cette parabole révolte souvent l'auditeur : le refus d'aide des prévoyantes paraît pur égoïsme, la dureté du maître insoutenable ! Rappelons que les paraboles ne sont pas des allégories, mais des histoires provocantes, stylisées, qui incitent l'auditeur à agir. La pointe ici est claire : veillez, soyez prêts, le Seigneur peut vous appeler à tout instant, ne tardez pas à aimer. Mais cela suffit-il ? Les adjectifs utilisés peuvent nous éclairer : les jeunes filles « avisées », au jugement prudent, dormaient comme les autres, mais auparavant elles s'étaient préparées, elles savaient que le maître tarderait et qu'il faut s'exercer à l'attente, se forger des réflexes d'accueil. La vigilance est aussi une attitude qui s'apprend, s'exerce et se cultive. ■

***Roselyne Dupont-Roc**, bibliste*

JEUDI 10 AOÛT 2023

COULEUR LITURGIQUE : ROUGE

Saint Laurent

IIIe siècle. Sans doute le plus célèbre des martyrs romains. Diacre du pape Sixte II, il mourut brûlé vif sur un gril.

6 - 12

Antienne d'ouverture

Pour le service des pauvres dans l'Église,
le bienheureux Laurent s'est offert lui-même ;
il fut digne de souffrir le martyre
et de rejoindre dans la joie le Seigneur Jésus Christ.

Gloire à Dieu *(p. 228)*

Prière

Seigneur Dieu, c'est l'ardeur de ton amour qui a fait resplendir le bienheureux Laurent, par la fidélité du service et la gloire du martyre ; accorde-nous d'aimer ce qu'il aimait, et d'accomplir ce qu'il a enseigné. Par Jésus… ***– Amen.***

Lectures propres à la fête de saint Laurent.

Lecture

de la deuxième lettre de saint Paul apôtre aux Corinthiens (9, 6-10)

« Dieu aime celui qui donne joyeusement »

Frères, rappelez-vous le proverbe : À semer trop peu, on récolte trop peu ; à semer largement, on récolte largement. Que chacun donne comme il a décidé dans son cœur, sans regret et sans contrainte, car Dieu aime celui qui donne joyeusement. Et Dieu est assez puissant pour vous donner toute grâce en abondance, afin que vous ayez, en toute chose et toujours, tout ce qu'il vous faut, et même que vous ayez en abondance de quoi faire toute sorte de bien. L'Écriture dit en effet de l'homme juste : *Il distribue, il donne aux pauvres ; sa justice demeure à jamais.* Dieu, qui fournit la semence au semeur et le pain pour la nourriture, vous fournira la graine ; il la multipliera, il donnera la croissance à ce que vous accomplirez dans la justice. – Parole du Seigneur.

Psaume 111 (112)

℟ ***L'homme de bien a pitié, il partage.***

Heureux qui cr**a**int le Seigneur,
qui aime entièrem**e**nt sa volonté !
Sa lignée sera puiss**a**nte sur la terre ;
la race des j**u**stes est bénie. ℟

L'homme de bien a piti**é**, il partage ;
il mène ses aff**a**ires avec droiture.
Cet homme jam**a**is ne tombera ;
toujours on fera mém**o**ire du juste. ℟

Il ne craint pas l'ann**o**nce d'un malheur :
le cœur ferme, il s'appu**i**e sur le Seigneur.
Son cœur est confi**a**nt, il ne craint pas :
il verra ce que val**a**ient ses oppresseurs. ℟

Homme de justice, de tendr**e**sse et de pitié,
à pleines mains, il d**o**nne au pauvre ;
à jamais se maintiendr**a** sa justice,
sa puissance grandir**a**, et sa gloire ! ℟

Acclamation de l'Évangile

Alléluia. Alléluia. Celui qui me suit ne marchera pas dans les ténèbres, dit le Seigneur, il aura la lumière de la vie. ***Alléluia.***

Évangile de Jésus Christ

selon saint Jean (12, 24-26)

« Si quelqu'un me sert, mon Père l'honorera »

En ce temps-là, Jésus disait à ses disciples : « Amen, amen, je vous le dis : si le grain de blé tombé en terre ne meurt pas, il reste seul ; mais s'il meurt, il porte beaucoup de fruit. Qui aime sa vie la perd ; qui s'en détache en ce monde la gardera pour la vie éternelle. Si quelqu'un veut me servir, qu'il me suive ; et là où moi je suis, là aussi sera mon serviteur. Si quelqu'un me sert, mon Père l'honorera. »

Prière sur les offrandes

Accueille avec bienveillance, Seigneur, les offrandes que nous te présentons dans la joie de fêter le bienheureux Laurent : fais qu'elles servent à notre salut. Par le Christ, notre Seigneur. – ***Amen.***

Préface des saints martyrs, p. 235.

Antienne de la communion

Si quelqu'un veut me servir, qu'il me suive,
dit le Seigneur, et là où je suis,
là aussi sera mon serviteur. (cf. Jn 12, 26)

Prière après la communion

Comblés par le sacrement que tu as donné, Seigneur, nous t'adressons cette prière : puisque nous te présentons pour la fête du bienheureux Laurent l'hommage du service qui te revient, fais-nous ressentir que ton salut grandit en nous. Par le Christ, notre Seigneur. — ***Amen.***

INVITATION

Je pourrais envoyer une carte postale à un ami un peu perdu de vue.
Juste pour lui dire qu'il compte pour moi.

COMMENTAIRE

Le geste auguste

2 Corinthiens 9, 6-10

Les vacances sont propices à la contemplation. Dans la Création, Dieu se donne avec une prodigalité sans mesure. Saint Paul invite les Corinthiens à entrer dans ce geste d'infinie générosité. Comme le semeur jette au vent abondance de grain, il les appelle à partager, librement. « Dieu est le Grand Pauvre », rappelait Maurice Zundel à ses auditeurs. Sachons l'imiter dans la joie des enfants prêts à tout donner, à se donner. ■

***Bénédicte de la Croix**, cistercienne*

VENDREDI 11 AOÛT 2023

18E SEMAINE DU TEMPS ORDINAIRE COULEUR LITURGIQUE : BLANC

Sainte Claire

1193-1253. Attirée par l'idéal de pauvreté radicale prêché par saint François d'Assise, elle fonda, à sa suite, l'ordre des Pauvres Dames (ou Clarisses). Canonisée en 1255.

Antienne d'ouverture

Au royaume de ce monde, à toute sa splendeur,
j'ai préféré l'amour de mon Seigneur Jésus Christ, je l'ai vu,
je l'ai aimé, je lui ai donné ma foi, entre tous je l'ai choisi.

OU

Pour moi, comme un bel olivier dans la maison de Dieu,
j'espère en la miséricorde de mon Dieu, sans fin, à jamais. (cf. Ps 51, 10)

Prière

Dans ta miséricorde, Seigneur Dieu, tu as conduit sainte Claire à l'amour de la pauvreté ; accorde-nous, à son intercession, de suivre le Christ dans la pauvreté du cœur, afin de pouvoir te contempler dans le royaume des Cieux. Par Jésus…

— Amen.

Lecture

du livre du Deutéronome (4, 32-40)

« Il a aimé tes pères et il a choisi leur descendance »

Moïse disait au peuple d'Israël : « Interroge les temps anciens qui t'ont précédé, depuis le jour où Dieu créa l'homme sur la terre : d'un bout du monde à l'autre, est-il arrivé quelque chose d'aussi grand, a-t-on

jamais connu rien de pareil ? Est-il un peuple qui ait entendu comme toi la voix de Dieu parlant du milieu du feu, et qui soit resté en vie ? Est-il un dieu qui ait entrepris de se choisir une nation, de venir la prendre au milieu d'une autre, à travers des épreuves, des signes, des prodiges et des combats, à main forte et à bras étendu, et par des exploits terrifiants – comme tu as vu le Seigneur ton Dieu le faire pour toi en Égypte ? Il t'a été donné de voir tout cela pour que tu saches que c'est le Seigneur qui est Dieu, il n'y en a pas d'autre. Du haut du ciel, il t'a fait entendre sa voix pour t'instruire ; sur la terre, il t'a fait voir son feu impressionnant, et tu as entendu ce qu'il te disait du milieu du feu. Parce qu'il a aimé tes pères et qu'il a choisi leur descendance, en personne il t'a fait sortir d'Égypte par sa grande force, pour chasser devant toi des nations plus grandes et plus puissantes, te faire entrer dans leur pays et te le donner en héritage, comme cela se réalise aujourd'hui. Sache donc aujourd'hui, et médite cela en ton cœur : c'est le Seigneur qui est Dieu, là-haut dans le ciel comme ici-bas sur la terre ; il n'y en a pas d'autre. Tu garderas les décrets et les commandements du Seigneur que je te donne aujourd'hui, afin d'avoir, toi et tes fils, bonheur et longue vie sur la terre que te donne le Seigneur ton Dieu, tous les jours. » – Parole du Seigneur.

Psaume 76 (77)

℟ ***Je me souviens des exploits du Seigneur.***

Je me souviens des exploits du Seigneur,
je rappelle ta merveille de jadis ;
je me redis tous tes hauts faits,
sur tes exploits je médite. ℟

Dieu, la sainteté est ton chemin !
Quel dieu est grand comme Dieu ?

Tu es le Dieu qui accomplis la merveille,
qui fais connaître chez les peuples ta force. ℟

Tu rachetas ton peuple avec puissance,
les descendants de Jacob et de Joseph.
Tu as conduit comme un troupeau ton peuple
par la main de Moïse et d'Aaron. ℟

Acclamation de l'Évangile

Alléluia. Alléluia. Heureux ceux qui sont persécutés pour la justice, car le royaume des Cieux est à eux ! ***Alléluia.***

Évangile de Jésus Christ

selon saint Matthieu (16, 24-28)

« Que pourra donner un homme en échange de sa vie ? »

En ce temps-là, Jésus disait à ses disciples : « Si quelqu'un veut marcher à ma suite, qu'il renonce à lui-même, qu'il prenne sa croix* et qu'il me suive. Car celui qui veut sauver sa vie la perdra, mais qui perd sa vie à cause de moi la trouvera. Quel avantage, en effet, un homme aura-t-il à gagner le monde entier, si c'est au prix de sa vie ? Et que pourra-t-il donner en échange de sa vie ? Car le Fils de l'homme va venir avec ses anges dans la gloire de son Père ; alors il rendra à chacun selon sa conduite. « Amen, je vous le dis : parmi ceux qui sont ici, certains ne connaîtront pas la mort avant d'avoir vu le Fils de l'homme venir dans son Règne. »

Prière sur les offrandes

Consacre, Seigneur, les dons que nous te présentons avec ferveur, en la mémoire de sainte Claire, toi qui nous enseignes, grâce au réconfort que tu nous donnes maintenant, à ne jamais désespérer des promesses éternelles. Par le Christ, notre Seigneur. **— *Amen.***

Antienne de la communion

Une seule chose est nécessaire.
Elle a choisi la meilleure part,
celle qui ne lui sera pas enlevée.
(Lc 10, 42)

OU

D'heureuses paroles jaillissent
de mon cœur quand je dis
mes poèmes pour le roi. (Ps 44, 2)

Prière après la communion

Tu nous as recréés, Seigneur, aux sources du salut, et nous te supplions humblement : à l'intercession de sainte Claire, rends-nous capables, par un attachement de jour en jour plus intime au Christ, d'avoir part à la grâce dans son royaume. Lui qui…
— *Amen.*

INVITATION

Le 150e Pèlerinage national commence aujourd'hui. Je peux m'associer par la prière aux milliers de pèlerins qui font route vers Lourdes.

COMMENTAIRE

D'amour et d'eau claire Matthieu 16, 24-28

« Celui qui veut sauver sa vie la perdra, mais qui perd sa vie à cause de moi la trouvera. » En 1212, le jour de la fête des Rameaux, Claire quitte les siens pour rejoindre François. Il lui coupe les cheveux en signe de consécration définitive à Dieu. De Saint-Damien, la petite communauté de femmes qu'elle a constituée demandera au pape non des terres et des titres, mais « le privilège de la pauvreté ». Claire, ma sœur, merci pour ton audace folle ! ■ ***Bénédicte de la Croix**, cistercienne*

6-12

✣ CLÉ DE LECTURE

« Qu'il prenne sa croix » Matthieu 16, 24 *(p. 75)*

L'expression « prendre sa croix » ne se trouve pas dans la littérature de l'époque. C'est à partir de l'événement terrible de la mort de Jésus que les chrétiens ont forgé des expressions métaphoriques fortes pour eux-mêmes : Paul demande aux Galates de « crucifier leurs désirs et leurs passions » (cf. Ga 5, 24) ; dans les évangiles, Jésus demande au disciple de « prendre sa croix » selon l'expression employée pour Simon de Cyrène dans les récits de la Passion. Une expression scandaleuse dans un monde où les croix se dressaient. Elle fait du disciple, à la suite de son maître, le rebut méprisé d'une société, celui que le monde juif considérait comme maudit. Mais elle lui ouvre aussi le chemin d'un amour qui va jusqu'à la vie donnée et rendue par Dieu en plénitude. ■ ***Roselyne Dupont-Roc**, bibliste*

SAMEDI 12 AOÛT 2023

18E SEMAINE DU TEMPS ORDINAIRE COULEUR LITURGIQUE : VERT

Temps ordinaire, *suggestion d'oraisons et d'antiennes n° 33*
ou **bienheureuse Vierge Marie,** *voir p. 141*
ou **sainte Jeanne-Françoise de Chantal,** *voir p. 82*

Antienne d'ouverture

Mes pensées, dit le Seigneur, sont des pensées de paix et non de malheur. Vous m'invoquerez, je vous écouterai, et de partout je ramènerai vos captifs. (Jr 29, 11.12.14)

Prière

Seigneur notre Dieu, nous t'en prions : accorde-nous la joie de t'appartenir sans réserve, car c'est un bonheur durable et profond de servir constamment le créateur de tout bien. Par Jésus… ***— Amen.***

Lecture

du livre du Deutéronome (6, 4-13)

« Tu aimeras le Seigneur ton Dieu de tout ton cœur »

Moïse disait au peuple : « Écoute, Israël : le Seigneur notre Dieu est l'Unique. Tu aimeras le Seigneur ton Dieu de tout ton cœur, de toute ton âme et de toute ta force. Ces paroles que je te donne aujourd'hui resteront dans ton cœur. Tu les rediras à tes fils, tu les répéteras sans cesse, à la maison ou en voyage, que tu sois couché ou que tu sois levé ; tu les attacheras à ton poignet comme un signe, elles seront un bandeau sur ton front, tu les inscriras à l'entrée de ta maison et aux portes de ta ville. Quand le Seigneur

ton Dieu te fera entrer dans le pays qu'il a juré à tes pères, Abraham, Isaac et Jacob, de te donner; quand tu auras des villes grandes et belles que tu n'as pas bâties, des maisons pleines de richesses que tu n'y as pas entassées, des citernes que tu n'as pas creusées, des vignes et des oliveraies que tu n'as pas plantées; quand tu auras bien mangé et te seras rassasié : alors garde-toi d'oublier le Seigneur, lui qui t'a fait sortir d'Égypte, de la maison d'esclavage. Tu craindras le Seigneur ton Dieu, tu le serviras, c'est par son nom que tu prêteras serment. »
– Parole du Seigneur.

Psaume 17 (18)

℟ ***Je t'aime, Seigneur, ma force.***

Je t'aime, Seigneur, ma force :
Seigneur, mon roc, ma forteresse,
Dieu mon libérateur, le rocher qui m'abrite,
mon bouclier, mon fort,
mon arme de victoire ! ℟

Louange à Dieu !
Quand je fais appel au Seigneur,
je suis sauvé de tous mes ennemis. ℟

Vive le Seigneur ! Béni soit mon Rocher !
Qu'il triomphe, le Dieu de ma victoire !
Il donne à son roi de grandes victoires,
Il se montre fidèle à son messie. ℟

Acclamation de l'Évangile

Alléluia. Alléluia. Notre Sauveur, le Christ Jésus, a détruit la mort; il a fait resplendir la vie par l'Évangile. ***Alléluia.***

Évangile de Jésus Christ
selon saint Matthieu (17, 14-20)

« Si vous avez la foi, rien ne vous sera impossible »

En ce temps-là, un homme s'approcha de Jésus, et tombant à ses genoux, il dit : « Seigneur, prends pitié de mon fils. Il est épileptique et il souffre beaucoup. Souvent il tombe dans le feu et, souvent aussi, dans l'eau. Je l'ai amené à tes disciples, mais ils n'ont pas pu le guérir. » Prenant la parole, Jésus dit : « Génération incroyante et dévoyée, combien de temps devrai-je rester avec vous ? Combien de temps devrai-je vous supporter ? Amenez-le-moi. » Jésus menaça le démon, et il sortit de lui. À l'heure même, l'enfant fut guéri.
Alors les disciples s'approchèrent de Jésus et lui dirent en particulier : « Pour quelle raison est-ce que nous, nous n'avons pas réussi à l'expulser ? » Jésus leur répond : « En raison de votre peu de foi. Amen, je vous le dis : si vous avez de la foi gros comme une graine de moutarde, vous direz à cette montagne : "Transporte-toi d'ici jusque là-bas", et elle se transportera ; rien ne vous sera impossible. »

Prière sur les offrandes
Nous t'en prions, Seigneur, Dieu de majesté : regarde les présents que nous t'offrons, et permets qu'ils nous obtiennent la grâce de te servir et de parvenir ainsi à l'éternité bienheureuse. Par le Christ, notre Seigneur. ***— Amen.***

Antienne de la communion

Pour moi, il est bon de m'attacher à Dieu, de mettre mon espoir dans le Seigneur, mon Dieu. (cf. Ps 72, 28)

OU

Amen, je vous le dis : tout ce que vous demandez dans la prière, croyez que vous l'avez obtenu, et cela vous sera accordé, dit le Seigneur. (Mc 11, 23-24)

Prière après la communion

Seigneur, nous avons reçu les dons que tu nous as faits dans ce sacrement, et nous te supplions humblement : ton Fils nous a demandé de les célébrer en mémoire de lui, qu'ils augmentent en nous la charité. Par le Christ, notre Seigneur. ***— Amen.***

INVITATION

Sur mon lieu de vacances, ou près de chez moi, je peux entrer dans une église et allumer un lumignon.

COMMENTAIRE

Une personne entière Deutéronome 6, 4-13

Marcel Jousse (1886-1961) traduisait ainsi les versets du Deutéronome reçus en ce jour : « Tu apprendras et tu retiendras et donc tu aimeras le Seigneur ton Enseigneur de tout ton cœur-mémoire, de toute ta gorge récitante et de tous tes muscles vivants. » Oui, l'amour de Dieu mobilise l'entièreté de notre personne. En régime d'Incarnation, rien n'est étranger au Souffle qui nous traverse. Puisse la parole de Dieu devenir respiration, vitale manducation. ■

Bénédicte de la Croix, cistercienne

Sainte Jeanne-Françoise de Chantal

Couleur liturgique : blanc

1572-1641. Veuve à 28 ans, elle se mit sous la direction spirituelle de saint François de Sales. Avec lui, elle fonda, en 1610 à Annecy, l'ordre de la Visitation (les Visitandines).

Antienne d'ouverture

Seigneur, mon partage et ma coupe : de toi dépend mon sort. (cf. Ps 15, 5)

Prière

Seigneur Dieu, en sainte Jeanne-Françoise de Chantal tu as fait resplendir une remarquable sainteté par divers chemins de vie ; à sa prière, accorde-nous de progresser dans la fidélité à notre vocation et ainsi de rayonner sans cesse de ta lumière. Par Jésus… **– *Amen.***

Prière sur les offrandes

Dieu de grande bonté, en sainte Jeanne-Françoise de Chantal, tu as détruit l'homme ancien pour créer un homme nouveau à ton image ; accorde-nous d'être renouvelés comme elle, afin que nous puissions te plaire en t'offrant ce sacrifice qui nous réconcilie avec toi. Par le Christ, notre Seigneur. **– *Amen.***

Antienne de la communion

Amen, je vous le dis : vous qui avez
tout quitté pour me suivre,
vous recevrez le centuple,
et vous aurez en héritage
la vie éternelle. (cf. Mt 19, 27-29)

Prière après la communion

Par la puissance de ce sacrement, Seigneur, nous te prions : conduis-nous sans cesse dans la voie de ton amour, comme tu fis pour sainte Jeanne-Françoise de Chantal ; l'œuvre de bonté que tu as entreprise en nous, poursuis-la jusqu'au jour du Christ Jésus. Lui qui… **– *Amen.***

13 - 19

« Confiance ! c'est moi ; n'ayez plus peur ! » Comme ces mots font du bien ! Parfois, notre vie est semblable à une barque traversant une tempête. Une épreuve inattendue, un deuil, une maladie, un échec, et nous voilà submergés par des doutes, des questionnements, par le désespoir. Mais le Christ est là, au milieu de nos vies. Aujourd'hui, redisons-lui avec les disciples : « Vraiment, tu es le Fils de Dieu ! »

RITES INITIAUX

Chant d'entrée *(Suggestions p. 255)*

OU

Antienne d'ouverture

Regarde vers ton Alliance, Seigneur, ne délaisse pas sans fin l'âme de tes pauvres. Lève-toi, Seigneur, défends ta cause, n'oublie pas le cri de ceux qui te cherchent.
(cf. Ps 73, 20.19.22.23)

Suggestion de préparation pénitentielle *(ou p. 226)*

Plein de miséricorde envers nous, le Seigneur ne nous abandonne pas dans nos tempêtes. Avec foi, tournons-nous vers lui et reconnaissons que nous sommes pécheurs.

Seigneur Jésus, toi qui connais nos doutes et nos manques de foi, tu nous invites à la confiance. Kyrie, eleison.

— Kyrie, eleison.

Ô Christ, toi qui connais les tempêtes que nous traversons, tu nous invites à ne plus avoir peur. Christe, eleison.

— Christe, eleison.

Seigneur, toi qui ne nous lâches pas la main dans les nuits de nos vies, tu nous invites à compter sur toi, le Fils du Dieu vivant. Kyrie, eleison.

— Kyrie, eleison.

Que Dieu tout-puissant nous fasse miséricorde ; qu'il nous pardonne nos péchés et nous conduise à la vie éternelle. **— *Amen.***

Gloire à Dieu (p. 228)

Prière
Dieu éternel et tout-puissant, comme l'enseigne l'Esprit Saint, nous pouvons déjà t'appeler du nom de Père ; fais grandir en nos cœurs l'esprit d'adoption filiale, afin que nous soyons capables d'entrer un jour dans l'héritage qui nous est promis. Par Jésus… **— *Amen.***

LITURGIE DE LA PAROLE

Lecture du premier livre des Rois (19, 9a.11-13a)

« Tiens-toi sur la montagne devant le Seigneur »

En ces jours-là, lorsque le prophète Élie fut arrivé à l'Horeb, la montagne de Dieu, il entra dans une caverne et y passa la nuit. Le Seigneur dit : « Sors et tiens-toi sur la montagne devant le Seigneur, car il va passer. » À l'approche du Seigneur, il y eut un ouragan, si fort et si violent qu'il fendait les montagnes et brisait les rochers, mais le Seigneur n'était pas dans l'ouragan ; et après l'ouragan, il y eut un tremblement de terre, mais le Seigneur n'était pas dans le tremblement de terre ; et après ce tremblement de terre, un feu, mais le Seigneur n'était pas dans ce feu ; et après ce feu,

le murmure d'une brise légère. Aussitôt qu'il l'entendit, Élie se couvrit le visage avec son manteau, il sortit et se tint à l'entrée de la caverne. – Parole du Seigneur.

Psaume 84 (85)

℟ *Fais-nous voir, Seigneur, ton amour, et donne-nous ton salut.*

T. : AELF; M. : B. Delattre; Éd. : ADF.

J'écoute : que dira le Seigneur Dieu ?
Ce qu'il dit, c'est la paix pour son peuple et ses fidèles.
Son salut est proche de ceux qui le craignent,
et la gloire habitera notre terre. ℟

Amour et vérité se rencontrent,
justice et paix s'embrassent ;
la vérité germera de la terre
et du ciel se penchera la justice. ℟

Le Seigneur donnera ses bienfaits,
et notre terre donnera son fruit.
La justice marchera devant lui,
et ses pas traceront le chemin. ℟

Retrouvez ce psaume sur le CD "Les psaumes de l'année A"

Lecture de la lettre de saint Paul apôtre aux Romains (9, 1-5)

« Pour les Juifs, mes frères, je souhaiterais être anathème »

Frères, c'est la vérité que je dis dans le Christ, je ne mens pas, ma conscience m'en rend témoignage dans l'Esprit Saint : j'ai dans le cœur une grande tristesse, une douleur incessante. Moi-même, pour les Juifs, mes frères de race, je souhaiterais être anathème, séparé du Christ : ils sont en effet israélites, ils ont l'adoption, la gloire, les alliances, la législation, le culte, les promesses de Dieu ; ils ont les patriarches, et c'est de leur race que le Christ est né, lui qui est au-dessus de tout, Dieu béni pour les siècles. Amen.

– Parole du Seigneur.

Acclamation de l'Évangile

Alléluia. Alléluia. J'espère le Seigneur, et j'attends sa parole. ***Alléluia.***

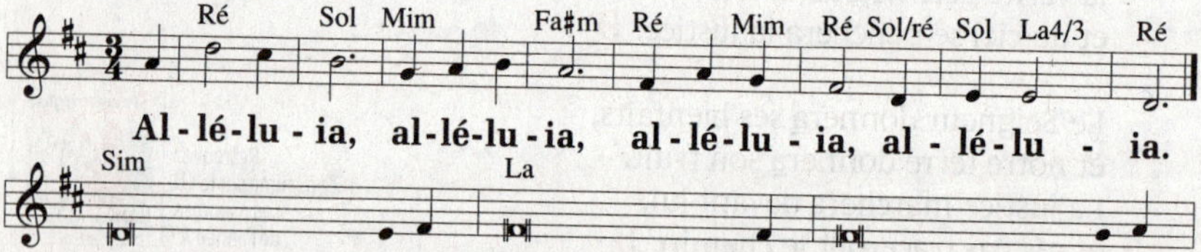

W 587 SM; M. : J. Akepsimas. Psalmodie : Bayard Liturgie; M. Wackenheim.

Évangile de Jésus Christ selon saint Matthieu (14, 22-33)

« Ordonne-moi de venir vers toi sur les eaux »

Aussitôt après avoir nourri la foule dans le désert, Jésus obligea les disciples à monter dans la barque et à le précéder sur l'autre rive, pendant qu'il renverrait les foules. Quand il les eut renvoyées, il gravit la montagne, à l'écart, pour prier. Le soir venu, il était là, seul. La barque était déjà à une bonne distance de la terre, elle était battue par les vagues, car le vent était contraire. Vers la fin de la nuit, Jésus vint vers eux en marchant sur la mer. En le voyant marcher sur la mer, les disciples furent bouleversés. Ils dirent : « C'est un fantôme. » Pris de peur, ils se mirent à crier. Mais aussitôt Jésus leur parla : « Confiance ! c'est moi ; n'ayez

plus peur ! » Pierre prit alors la parole : « Seigneur, si c'est bien toi, ordonne-moi de venir vers toi sur les eaux. » Jésus lui dit : « Viens ! » Pierre descendit de la barque et marcha sur les eaux pour aller vers Jésus. Mais, voyant la force du vent, il eut peur et, comme il commençait à enfoncer, il cria : « Seigneur, sauve-moi ! » Aussitôt, Jésus étendit la main, le saisit et lui dit : « Homme de peu de foi, pourquoi as-tu douté ? » Et quand ils furent montés dans la barque, le vent tomba. Alors ceux qui étaient dans la barque se prosternèrent devant lui, et ils lui dirent : « Vraiment, tu es le Fils de Dieu ! »

Homélie

Profession de foi *(p. 229)*

Suggestion de prière universelle

Le prêtre :

Quand nous sommes assaillis par la tempête, le Seigneur ne nous abandonne pas. Avec confiance, tournons-nous vers Dieu notre Père, confions-lui tous les habitants de la terre.

℟ ***Notre Père, notre Père, nous te supplions humblement.***

B 4 Chalet; T. et M. : anonyme.

Le diacre ou un lecteur :

La barque de l'Église est secouée en tous sens, en proie à bien des tempêtes. Pour que ces moments difficiles soient l'occasion pour les chrétiens d'une ferveur renouvelée, ensemble prions le Seigneur. ℟

Nos décideurs politiques et économiques ont à prendre des décisions éprouvantes. Pour que leurs choix soient motivés par la recherche du bien commun et de la paix entre les peuples, ensemble prions le Seigneur. ℟

En ces mois d'été, de nombreuses personnes en précarité souffrent de ne pouvoir partir en vacances. Pour qu'elles trouvent des amis soucieux de les aider à reprendre souffle, ensemble prions le Seigneur. ℟

Des jeunes de notre paroisse viennent de vivre les Journées mondiales de la jeunesse. Pour que cet événement les aide à témoigner de l'Évangile par leur vie, avec toute l'Église, prions le Seigneur. ℟

(Ces intentions seront adaptées ou modifiées selon les circonstances.)

Le prêtre :

Dieu notre Père, toi qui n'abandonnes pas ton peuple dans la tempête, daigne exaucer nos prières. Par le Christ, notre Seigneur.

— Amen.

LITURGIE EUCHARISTIQUE

Prière sur les offrandes

Accueille favorablement, Seigneur, ces présents que, dans ta miséricorde, tu as donnés à ton Église pour qu'elle puisse te les offrir ; fais qu'ils deviennent, par ta puissance, le sacrement de notre salut. Par le Christ, notre Seigneur. ***— Amen.***

Prière eucharistique *(Préface des dimanches, p. 232)*

Chant de communion *(Suggestions p. 255)*

OU

Antienne de la communion

Glorifie le Seigneur, Jérusalem :
de la fleur du froment, il te rassasie.
(cf. Ps 147, 12.14)

OU

Le pain que je donnerai,
c'est ma chair,
donnée pour la vie du monde,
dit le Seigneur.
(Jn 6, 51)

Prière après la communion

Que cette communion à ton sacrement, Seigneur, nous procure le salut et qu'elle nous affermisse dans la lumière de ta vérité. Par le Christ, notre Seigneur. — ***Amen.***

RITE DE CONCLUSION

Bénédiction

Envoi

COMMENTAIRE DU DIMANCHE

Karem Bustica, rédactrice en chef de *Prions en Église*

Sur la terre comme en mer

La liturgie de ce dimanche revient sur un épisode biblique fascinant qui a inspiré des générations de chrétiens. Le moment est précis : « Vers la fin de la nuit. » Le lever du jour situe le récit dans un temps où tout s'expose à la lumière, où l'obscurité est dissipée et où peut se révéler ce qui demeurait caché. L'aube est le temps de la reconnaissance.

La scène se déroule dans un espace clairement défini, « la mer ». En réalité, sur le lac de Tibériade ou de Génésareth. Dans la Bible, la mer est souvent associée à la destruction, à la violence, à la mort. Marcher sur l'eau, c'est être plus puissant que les éléments déchaînés de la nature, c'est marcher sur le Mal.

Pierre et ses compagnons sont les témoins. Dans la barque, ils prennent Jésus pour un fantôme, tellement la peur •••

••• les aveugle. Ils ont vu ses miracles et entendu ses enseignements. Pourtant, il faudra l'intrépidité de Pierre pour que les disciples se prosternent devant le Seigneur. Même dans la foi, il faut toujours un premier de cordée.
Lui, Jésus, est le Fils de Dieu. C'est peut-être la plus belle « morale » de cette histoire. Elle atteste de la foi des premières communautés chrétiennes, celles qui ont mis l'Évangile par écrit. Elle transmet cet instant précis où le cœur ne se trompe pas en désignant celui par qui vient le salut. Même lorsque la foi vacille et que les flots semblent nous submerger.

Quel est le personnage de cette histoire dont je me sens le plus proche ?

Par quels mots puis-je formuler ma foi en Jésus, aujourd'hui ? ■

PrionsenÉglise junior

LIRE L'ÉVANGILE AVEC LES ENFANTS

CE QUE JE DÉCOUVRE

Pierre connaît bien la mer. Avant de rencontrer Jésus, il était pêcheur. Il a sans doute dû affronter de nombreuses tempêtes. Ce n'est donc pas la mer qui l'effraie, c'est l'ombre de Jésus qu'il ne reconnaît pas. **L'inconnu fait peur.** Quand Pierre s'avance sur l'eau, seule la présence de Jésus le rassure et le guide. Quand le bruit du vent prend le dessus, Pierre oublie Jésus et perd ses repères. **Heureusement, Jésus est là. Il le prend par la main.**

CE QUE JE VIS

Quand as-tu eu peur pour la dernière fois ?
Quelles personnes te rassurent ?
À quels moments as-tu besoin de l'aide de Jésus ?
Que lui demandes-tu ?
Mets-toi dans une pièce sombre et prie Jésus en disant : « Jésus, j'ai confiance en toi. »

Texte : Pierre-Marie Leroy. Illustrations : Marcelino Truong

MÉDITATION BIBLIQUE

19E DIMANCHE DU TEMPS ORDINAIRE

Évangile selon saint Matthieu 14, 22-33

Le risque de la confiance

Les disciples du Christ sont appelés à se risquer dans des chemins inédits, audacieux. Quand l'un d'entre eux est entravé, bloqué par le doute ou la peur, Jésus met en œuvre sa libération.

Le temps de la préparation

**« Amour et vérité se rencontrent,
justice et paix s'embrassent ;
la vérité germera de la terre
et du ciel se penchera la justice. »
(Ps 84, 11-12)**

Le temps de l'observation

Jésus poursuit son chemin avec une certaine indépendance. Il renvoie ses disciples pour rester seul en silence, puis il les rejoint par le chemin le plus direct, en marchant sur l'eau. Il est libre de sa route et des moyens par lesquels il la parcourt. Cette liberté trouble les disciples, les inquiète, leur fait peur. Comment peuvent-ils arriver à être les disciples d'un tel maître ? Quand Jésus lui dit « Viens ! », Pierre s'y risque. Il décide à son tour d'emprunter un chemin peu orthodoxe. Il passe par-dessus bord et commence à marcher sur l'eau, à ne plus faire confiance à ses appuis habituels mais à la conviction que, à la suite du Christ, il peut le faire, il peut y arriver. Mais la peur revient et, en une fraction de seconde, le doute s'installe. Il pense que son chemin n'est pas le bon, que ce qu'il tente ne peut réussir. Alors tout s'écroule. C'est précisément au moment où la confiance flanche que le salut advient.

Le temps de la méditation

À la fin du récit, les disciples sont unanimes. Se tournant vers Jésus, ils témoignent de leur certitude à son égard. « Vraiment, tu es le Fils de Dieu ! » On pourrait légitimement penser que ce sont les pouvoirs de Jésus sur les éléments de la nature comme l'eau ou le vent qui ont justifié cette confession de foi. Mais pourquoi ne jaillirait-elle pas surtout de la puissance de liberté qu'il met en œuvre ? Il s'autorise et autorise ses disciples à tenter l'impossible, à avancer dans leur désir, à croire qu'un chemin inexploré existe. C'est à cette grandeur d'âme, à cette confiance dans la vie et dans les disciples qu'ils reconnaissent que cet homme vient de Dieu. On comprend dès lors que ces hommes et ces femmes aient eu envie de le suivre, de profiter de chaque seconde de sa liberté. Le salut n'est pas une promesse de libération future. C'est la libération en actes de ce qui fait peur, qui est étroit et qui empêche de vivre et d'avancer.

Le temps de la prière

« Quand je dis : "Mon pied trébuche !" ton amour, Seigneur, me soutient. Quand d'innombrables soucis m'envahissent, tu me réconfortes et me consoles. » (Ps 93, 18-19) ■

Marie-Laure Durand, bibliste

DES IMAGES POUR LA FOI

LA VISITATION

Le soleil sur la mer

Devant un ciel et une mer éblouissants, deux femmes se rencontrent. Maurice Denis présente la Visitation comme l'aurore du Jour du Seigneur.

Il y a peu de temps encore, c'était la nuit de la longue attente : la côte rocheuse, qui reste à contre-jour, en garde quelques couleurs mauves. Mais voici que le jour du Seigneur se lève. Il vient comme on ne l'attend pas et transfigure tout de sa lumière. Il est là, présent dans cette rencontre entre Marie et Élisabeth placées au centre du tableau. Pas besoin d'auréoles pour qu'on les reconnaisse, l'éclat du ciel et de la mer suffit à exprimer le rayonnement de la présence divine qui vient rencontrer l'humanité. Le pinceau de Maurice Denis, marqué par l'œuvre de Paul Gauguin, actualise cette Visitation. Habillée d'une sobre robe blanche, Marie resplendit comme une fiancée au matin de ses noces. Ceux qui l'entourent représentent tout autant les proches qui pourraient la conduire à l'église que les fidèles d'un village de pêcheurs du début du XXe siècle rendant hommage à celle vers qui ils aiment se tourner. La figure de Marie rencontrant sa cousine Élisabeth leur fait comprendre que le Seigneur « élève les humbles. Il comble de bien les affamés » (Lc 1, 52-53). Ils la proclament « bienheureuse » et, avec elle, chantent : « Magnificat ! » ■

Dominique Pierre, journaliste

Magnificat (1909), Maurice Denis, collection particulière.

13-19

LUNDI 14 AOÛT 2023

19E SEMAINE DU TEMPS ORDINAIRE COULEUR LITURGIQUE : ROUGE

Saint Maximilien Kolbe

1894-1941. Franciscain polonais. Le père Kolbe, détenu au camp d'extermination d'Auschwitz, offrit sa vie à la place d'un autre déporté, père de famille. Canonisé en 1982.

Antienne d'ouverture

Venez, les bénis de mon Père. Amen, je vous le dis : tout ce que vous avez fait à l'un de ces plus petits de mes frères, c'est à moi que vous l'avez fait. (Mt 25, 34.40)

Prière

Seigneur Dieu, tu as mis au cœur de saint Maximilien-Marie, prêtre et martyr, un ardent amour pour la Vierge immaculée, un grand souci des âmes et une vive charité pour le prochain ; accorde-nous, à son intercession, de nous dépenser pour ta gloire dans le service des autres et ainsi d'être, jusqu'à la mort, configurés à ton Fils. Lui qui… ***— Amen.***

Lecture

du livre du Deutéronome (10, 12-22)

« Pratiquez la circoncision du cœur. Aimez l'immigré, car vous étiez des immigrés »

Moïse disait au peuple : « Maintenant, sais-tu, Israël, ce que le Seigneur ton Dieu te demande ? Craindre le Seigneur ton Dieu, suivre tous ses chemins, aimer le Seigneur ton Dieu, le servir de tout ton cœur et de toute ton âme, garder les commandements et les décrets du Seigneur que je te donne aujourd'hui pour ton bien. C'est au Seigneur ton Dieu

qu'appartiennent les cieux et les hauteurs des cieux, la terre et tout ce qu'elle renferme. Et pourtant, c'est uniquement à tes pères que le Seigneur ton Dieu s'est attaché par amour. Après eux, entre tous les peuples, c'est leur descendance qu'il a choisie, ce qu'il fait encore aujourd'hui avec vous. Pratiquez la circoncision du cœur*, n'ayez plus la nuque raide, car le Seigneur votre Dieu est le Dieu des dieux et le Seigneur des seigneurs, le Dieu grand, vaillant et redoutable, qui est impartial et ne se laisse pas acheter. C'est lui qui rend justice à l'orphelin et à la veuve, qui aime l'immigré, et qui lui donne nourriture et vêtement. Aimez donc l'immigré, car au pays d'Égypte vous étiez des immigrés. Tu craindras le Seigneur ton Dieu, tu le serviras, c'est à lui que tu resteras attaché, c'est par son nom que tu prêteras serment. Il est ton Dieu, c'est lui que tu dois louer : il a fait pour toi ces choses grandes et redoutables que tu as vues de tes yeux. Quand tes pères sont arrivés en Égypte, ils n'étaient que 70 ; mais à présent le Seigneur votre Dieu vous a rendus aussi nombreux que les étoiles du ciel. » – Parole du Seigneur.

Psaume 147 (147B)

℟ ***Glorifie le Seigneur, Jérusalem !***
OU ***Alléluia !***

Glorifie le Seigneur, Jérusalem !
Célèbre ton Dieu, ô Sion !
Il a consolidé les barres de tes portes,
dans tes murs il a béni tes enfants. ℟

Il fait régner la paix à tes frontières,
et d'un pain de froment te rassasie.
Il envoie sa parole sur la terre :
rapide, son verbe la parcourt. ℟

Il révèle sa parole à Jacob,
ses volontés et ses lois à Israël.

Pas un peuple qu'il ait ainsi traité ;
nul autre n'a connu ses volontés. ℟

Acclamation de l'Évangile

Alléluia. Alléluia. Par l'annonce de l'Évangile, Dieu vous appelle à partager la gloire de notre Seigneur Jésus Christ. ***Alléluia.***

Évangile de Jésus Christ

selon saint Matthieu (17, 22-27)

« Ils le tueront et, le troisième jour, il ressuscitera. Les fils sont libres de l'impôt »

En ce temps-là, comme Jésus et les disciples étaient réunis en Galilée, il leur dit : « Le Fils de l'homme va être livré aux mains des hommes ; ils le tueront et, le troisième jour, il ressuscitera. » Et ils furent profondément attristés.

Comme ils arrivaient à Capharnaüm, ceux qui perçoivent la redevance des deux drachmes pour le Temple vinrent trouver Pierre et lui dirent : « Votre maître paye bien les deux drachmes, n'est-ce pas ? » Il répondit : « Oui. » Quand Pierre entra dans la maison, Jésus prit la parole le premier : « Simon, quel est ton avis ? Les rois de la terre, de qui perçoivent-ils les taxes ou l'impôt ? De leurs fils, ou des autres personnes ? » Pierre lui répondit : « Des autres. » Et Jésus reprit : « Donc, les fils sont libres. Mais, pour ne pas scandaliser les gens, va donc jusqu'à la mer, jette l'hameçon, et saisis le premier poisson qui mordra ; ouvre-lui la bouche, et tu y trouveras une pièce de quatre drachmes. Prends-la, tu la donneras pour moi et pour toi. »

Prière sur les offrandes

En te présentant cette offrande, Seigneur, nous te prions humblement : apprends-nous à t'offrir notre vie à l'exemple de saint Maximilien-Marie. Par le Christ, notre Seigneur. — ***Amen.***

Antienne de la communion

Il n'y a pas de plus grand amour
que de donner sa vie pour ses amis,
dit le Seigneur.
(Jn 15, 13)

Prière après la communion

Nous t'en prions, Seigneur, toi qui refais nos forces par le corps et le sang de ton Fils, allume en nous le feu de la charité que saint Maximilien-Marie recueillait dans ce repas. Par le Christ, notre Seigneur. — ***Amen.***

INVITATION

COMMENTAIRE

Un poisson riche en fer

Matthieu 17, 22-27

Curieux miracle que celui de cette pièce trouvée par saint Pierre dans la bouche d'un poisson – poisson dorénavant appelé le « saint-pierre » ! Que Jésus opère des miracles pour rendre la vue aux aveugles ou ressusciter des morts, nous le comprenons. Mais que peut bien nous dire aujourd'hui cette histoire de pièce miraculeuse destinée à payer l'impôt du Temple ? Peut-être que toute notre vie – y compris dans ses aspects financiers – est dans la main du Seigneur ? ■

***Bertrand Lesoing**, prêtre de la communauté Saint-Martin*

❊ CLÉ DE LECTURE

« La circoncision du cœur »

Deutéronome 10, 16 *(p. 101)*

Une expression rare dans l'Ancien Testament (cf. Dt 30, 6 ; Jr 4, 4) que la lettre aux Colossiens appliquera aux chrétiens (cf. Col 2, 11). Elle joue sur l'image du cœur ouvert à l'autre ou fermé sur soi-même, comme celle de la nuque endurcie, qui dénote le refus d'écouter l'appel de Dieu au partage. Le texte du Deutéronome est étonnamment contemporain, invitant à la justice sociale envers les pauvres et à l'accueil sans réserve de l'immigré. Le fondement de ces exigences est le souvenir de l'action de Dieu dans l'histoire d'Israël. L'élection devient pour le peuple une responsabilité, elle l'est tout autant pour nous. Et la marque qui l'authentifie et nous désigne comme justes n'est plus la circoncision dans la chair, mais l'ouverture du cœur (cf. Rm 2, 29). ■

***Roselyne Dupont-Roc**, bibliste*

MARDI 15 AOÛT 2023

ASSOMPTION DE LA VIERGE MARIE

ANNÉE A – COULEUR LITURGIQUE : BLANC

© Évelyne Mary

« Mon âme exalte le Seigneur. » C'est la joie des promesses qui fait courir Marie sur les chemins de Galilée. Oui, le Seigneur s'est penché sur une humble fille de Nazareth, aujourd'hui vénérée dans le monde entier. Marie est notre modèle. Comme elle, débordons d'action de grâce pour notre Dieu fait homme. Marie est notre mère. Confions-lui nos épreuves, nos doutes, nos bonheurs et nos espérances.

RITES INITIAUX

Chant d'entrée *(Suggestions p. 255)*

OU

Antienne d'ouverture

Tous ensemble, réjouissons-nous dans le Seigneur,
célébrons ce jour de fête en l'honneur de la Vierge Marie.
Les anges se réjouissent avec nous de son Assomption
dans le ciel et proclament les louanges du Fils de Dieu.

OU

Un signe grandiose apparut dans le ciel : une femme,
ayant le soleil pour manteau, la lune sous les pieds
et, sur la tête, une couronne de douze étoiles. (cf. Ap 12, 1)

Suggestion de préparation pénitentielle *(ou p. 226)*

Frères et sœurs, en ce jour où nous célébrons l'Assomption de la Vierge Marie, préparons-nous à célébrer le mystère de l'eucharistie, en reconnaissant que nous avons péché.

Seigneur Jésus, tu disperses les orgueilleux et les superbes, tu renvoies les riches les mains vides. Seigneur, prends pitié.

— Seigneur, prends pitié.

Ô Christ, ta miséricorde s'étend d'âge en âge, tu accueilles avec bonté ceux qui te craignent. Ô Christ, prends pitié.

— Ô Christ, prends pitié.

Seigneur, tu te penches sur l'humanité blessée et égarée, tu la mènes sur un chemin de bonheur et de joie. Seigneur, prends pitié.
— Seigneur, prends pitié.

Que Dieu tout-puissant nous fasse miséricorde ; qu'il nous pardonne nos péchés et nous conduise à la vie éternelle. ***— Amen.***

Gloire à Dieu *(p. 228)*

Prière

Dieu éternel et tout-puissant, tu as élevé jusqu'à la gloire du ciel, dans son âme et son corps, Marie, la Vierge immaculée, la Mère de ton Fils ; fais que, toujours tendus vers les réalités d'en haut, nous obtenions de partager sa gloire. Par Jésus… ***— Amen.***

LITURGIE DE LA PAROLE

Lectures propres à la solennité de l'Assomption de la Vierge Marie

Lecture de l'Apocalypse de saint Jean (11, 19a ; 12, 1-6a.10ab)

« Une Femme, ayant le soleil pour manteau et la lune sous les pieds »

Le sanctuaire de Dieu, qui est dans le ciel, s'ouvrit, et l'arche de son Alliance apparut dans le Sanctuaire.
Un grand signe apparut dans le ciel : une Femme, ayant le soleil pour manteau, la lune sous les pieds, et sur la tête une couronne

de douze étoiles. Elle est enceinte, elle crie, dans les douleurs et la torture d'un enfantement.
Un autre signe apparut dans le ciel : un grand Dragon, rouge feu, avec sept têtes et dix cornes, et, sur chacune des sept têtes, un diadème. Sa queue, entraînant le tiers des étoiles du ciel, les précipita sur la terre. Le Dragon vint se poster devant la Femme qui allait enfanter, afin de dévorer l'enfant dès sa naissance. Or, elle mit au monde un fils, un enfant mâle, celui qui sera le berger de toutes les nations, les conduisant avec un sceptre de fer. L'enfant fut enlevé jusqu'auprès de Dieu et de son Trône, et la Femme s'enfuit au désert, où Dieu lui a préparé une place.
Alors j'entendis dans le ciel une voix forte, qui proclamait : « Maintenant voici le salut, la puissance et le règne de notre Dieu, voici le pouvoir de son Christ ! »
– Parole du Seigneur.

Psaume 44 (45)

℟ ***Debout, à la droite du Seigneur,***
se tient la reine, toute parée d'or.

T. : AELF; M. : T. Ospital; Éd. : ADF.

Écoute, ma fille, regarde et tends l'oreille ;
oublie ton peuple et la maison de ton père :
le roi sera séduit par ta beauté. ℟

Il est ton Seigneur : prosterne-toi devant lui.
Alors, les plus riches du peuple,
chargés de présents, quêteront ton sourire. ℟

Fille de roi, elle est là, dans sa gloire,
vêtue d'étoffes d'or ;
on la conduit, toute parée, vers le roi. ℟

Retrouvez ce psaume sur le CD "Les psaumes de l'année A"

℟ ***Debout, à la droite du Seigneur,***
se tient la reine, toute parée d'or.

Des jeunes filles, ses compagnes, lui font cortège ;
on les conduit parmi les chants de fête :
elles entrent au palais du roi. ℟

Lecture de la première lettre de saint Paul apôtre aux Corinthiens (15, 20-27a)

« En premier, le Christ; ensuite, ceux qui lui appartiennent »

Frères, le Christ est ressuscité d'entre les morts, lui, premier ressuscité parmi ceux qui se sont endormis. Car, la mort étant venue par un homme, c'est par un homme aussi que vient la résurrection des morts. En effet, de même que tous les hommes meurent en Adam, de même c'est dans le Christ que tous recevront la vie, mais chacun à son rang : en premier, le Christ, et ensuite, lors du retour du Christ, ceux qui lui appartiennent. Alors, tout sera achevé, quand le Christ remettra le pouvoir royal à Dieu son Père, après avoir anéanti, parmi les êtres célestes, toute Principauté, toute Souveraineté et Puissance. Car c'est lui qui doit régner jusqu'au jour où Dieu aura mis sous ses pieds tous ses ennemis. Et le dernier ennemi qui sera anéanti, c'est la mort, car il a tout mis sous ses pieds.
– Parole du Seigneur.

Acclamation de l'Évangile

Alléluia. Alléluia. Aujourd'hui s'est ouverte la porte du paradis : Marie est entrée dans la gloire de Dieu ; exultez dans le ciel, tous les anges ! ***Alléluia.***

U 76-99; T. : AELF; M. : P. Robert; ADF-Musique.

Évangile de Jésus Christ selon saint Luc (1, 39-56)

« Le Puissant fit pour moi des merveilles : il élève les humbles »

En ces jours-là, Marie se mit en route et se rendit avec empressement vers la région montagneuse, dans une ville de Judée. Elle entra dans la maison de Zacharie et salua Élisabeth. Or, quand Élisabeth entendit la salutation de Marie, l'enfant tressaillit en elle. Alors, Élisabeth fut remplie d'Esprit Saint, et s'écria d'une voix forte : « Tu es bénie entre toutes les femmes, et le fruit

de tes entrailles est béni. D'où m'est-il donné que la mère de mon Seigneur vienne jusqu'à moi ? Car, lorsque tes paroles de salutation sont parvenues à mes oreilles, l'enfant a tressailli d'allégresse en moi. Heureuse celle qui a cru à l'accomplissement des paroles qui lui furent dites de la part du Seigneur. »
Marie dit alors : « Mon âme exalte le Seigneur, exulte mon esprit en Dieu, mon Sauveur ! Il s'est penché sur son humble servante ; désormais tous les âges me diront bienheureuse. Le Puissant fit pour moi des merveilles ; Saint est son nom ! Sa miséricorde s'étend d'âge en âge sur ceux qui le craignent. Déployant la force de son bras, il disperse les superbes. Il renverse les puissants de leurs trônes, il élève les humbles. Il comble de biens les affamés, renvoie les riches les mains vides. Il relève Israël son serviteur, il se souvient de son amour, de la promesse faite à nos pères, en faveur d'Abraham et sa descendance à jamais. »
Marie resta avec Élisabeth environ trois mois, puis elle s'en retourna chez elle.

Homélie

Profession de foi *(p. 229)*

Suggestion de prière universelle

Le prêtre :

Tout entière lumière, Marie a rejoint les Cieux. En ce jour de l'Assomption, confions à son Fils la prière de toutes les femmes et de tous les hommes de notre monde.

℟ ***Avec Marie ta mère, nous te supplions.***

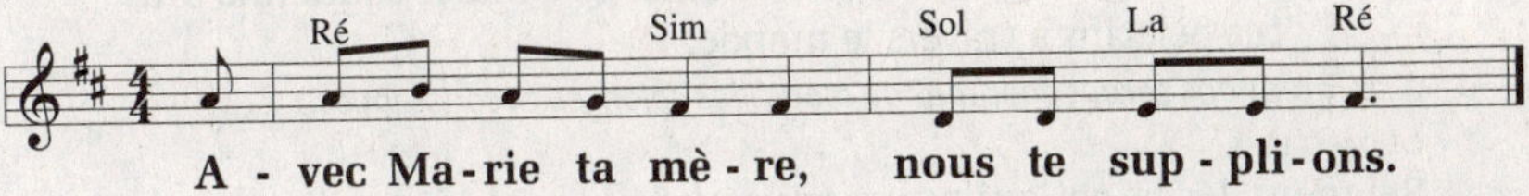

Bayard Liturgie; M. : M. Wackenheim.

Le diacre ou un lecteur :

Avec Marie courant sur les chemins de Galilée, remercions le Seigneur pour les prêtres, les consacrés et les laïcs, qui se donnent sans compter pour le service des plus pauvres. Que tous persévèrent sur ce chemin de bonheur. ℟

Avec Marie qui a veillé avec Joseph sur l'Enfant Dieu, soyons pleins de reconnaissance pour les jeunes qui se sont rendus aux Journées mondiales de la jeunesse. Qu'ils se mettent, à présent, en chemin, témoignant de l'Évangile par leur vie. ℟

Avec Marie suivant son Fils sur le mont Golgotha, remercions le Seigneur pour ceux qui prennent soin des malades et des blessés de la vie. Que le courage de Notre Dame les aide à rayonner l'amour au fil des jours. ℟

Avec la Vierge élevée dans les cieux, soyons pleins de reconnaissance pour les croyants de toutes religions qui se rendent en pèlerinage auprès de Notre Dame. Que Marie soutienne tous ces pèlerins à travers le monde. ℟

(Ces intentions seront adaptées ou modifiées selon les circonstances.)

Le prêtre :

Seigneur Jésus, toi qui as grandi sous le regard bienveillant de la Vierge Marie, écoute et accueille toutes nos prières. Nous te le demandons, toi qui vis et règnes pour les siècles des siècles. — ***Amen.***

LITURGIE EUCHARISTIQUE

Prière sur les offrandes

Que monte vers toi, Seigneur, l'offrande que nous te présentons avec ferveur ; et tandis qu'intercède pour nous la bienheureuse Vierge Marie élevée au ciel, que nos cœurs, brûlants de charité, aspirent toujours à monter vers toi. Par le Christ, notre Seigneur. — ***Amen.***

Prière eucharistique *(Préface de l'Assomption)*

Vraiment, il est juste et bon, pour ta gloire et notre salut, de t'offrir notre action de grâce, toujours et en tout lieu, Seigneur, Père très saint, Dieu éternel et tout-puissant, par le Christ, notre Seigneur. Aujourd'hui, la Vierge Marie, la Mère de Dieu, est élevée au ciel. Elle est le commencement et l'image de ce que deviendra ton Église en sa plénitude, elle est signe d'espérance et source de réconfort pour ton peuple encore en chemin. Ainsi tu n'as pas voulu qu'elle connaisse la corruption du tombeau, elle qui a porté dans sa chair ton propre Fils et mis au monde d'une manière incomparable l'auteur de la vie. C'est pourquoi, unissant nos voix à celles des anges, nous te louons dans la joie en proclamant : ***Saint ! Saint ! Saint...***

Chant de communion *(Suggestions p. 255)*

OU

Antienne de la communion

Tous les âges me diront bienheureuse :
le Puissant fit pour moi des merveilles. (cf. Lc 1, 48-49)

Prière après la communion

Nous avons reçu, Seigneur, le sacrement qui nous sauve ; par l'intercession de la bienheureuse Vierge Marie élevée au ciel, accorde-nous de parvenir à la gloire de la résurrection. Par le Christ, notre Seigneur. ***— Amen.***

RITE DE CONCLUSION

Bénédiction solennelle

Dans sa bienveillance, Dieu a voulu sauver le genre humain par son Fils, né de la bienheureuse Vierge Marie ; qu'il vous comble de sa bénédiction.

— Amen.

Puissiez-vous ressentir toujours et partout la protection de celle qui vous a permis de recevoir l'auteur de la vie.

— Amen.

Vous qui êtes rassemblés aujourd'hui avec ferveur, repartez dans la joie de l'Esprit et l'espérance du ciel.

— Amen.

Et que la bénédiction de Dieu tout-puissant, le Père, et le Fils, ✠ et le Saint-Esprit, descende sur vous et y demeure toujours.

— Amen.

Envoi

COMMENTAIRE DE L'ASSOMPTION

Benoît Gschwind, prêtre assomptionniste

Le Seigneur fait des merveilles !

L'Église est en fête ! Dans ma paroisse, le 15 août, nous sortons chaque année de l'église en procession jusqu'à la « grotte de Lourdes ». Nous sommes en communion avec les pèlerins qui sont au sanctuaire, avec les malades de la paroisse et de nos familles, et nous sommes accompagnés par celles et ceux qui reviennent du pèlerinage diocésain à Lourdes. La fête de l'Assomption nous remet en mémoire toute l'histoire de la vie de Marie et son étonnante disponibilité à Dieu. Dans l'Assomption de Marie, l'Église nous redit que Marie est la première à partager la joie en plénitude avec Dieu et que tout être humain est appelé à la vie nouvelle, à la résurrection. Dans la liturgie de ce jour, nous relisons la merveilleuse rencontre de Marie avec sa cousine Élisabeth. Que de joie dans cette •••

••• rencontre ! Joie de Marie qui exulte, et bonheur d'Élisabeth à la visite de sa cousine. Jean tressaille d'allégresse, reconnaissant son Sauveur. Le temps est à l'accomplissement de la promesse. À Dieu, tout est possible. La joie du Magnificat n'efface ni la douleur de la Croix ni la difficulté de nos vies, mais elle est signe pour chacune et chacun de nous que Dieu réalise toujours sa promesse et qu'au-delà de la Passion, il y a la joie éclatante de la Résurrection. Magnificat ! Oui, le Seigneur ne cesse de faire des merveilles en celles et ceux qui, comme Marie et Élisabeth, accueillent sa parole et se laissent guider par elle.

En contemplant ma vie de ces dernières semaines,
je redécouvre et je nomme les merveilles que Dieu a faites
pour moi. Ai-je suffisamment pris le temps de le louer,
de lui rendre grâce, de le chanter, de le prier ? ■

MERCREDI 16 AOÛT 2023

19E SEMAINE DU TEMPS ORDINAIRE COULEUR LITURGIQUE : VERT

Temps ordinaire, *suggestion d'oraisons et d'antiennes n° 34*
ou **saint Étienne de Hongrie,** *voir p. 124*

Antienne d'ouverture

Ce que dit le Seigneur, c'est la paix
pour son peuple et ses fidèles,
et pour ceux qui reviennent vers lui. (cf. Ps 84, 9)

Prière

Ranime, nous t'en prions, Seigneur, la volonté de tes fidèles, afin que, plus ardents à rechercher le fruit de l'action divine, ils obtiennent de ta bonté de plus puissants secours. Par Jésus… ***— Amen.***

Lecture

du livre du Deutéronome (34, 1-12)

« Moïse mourut là, selon la parole du Seigneur.
Il ne s'est plus levé en Israël un prophète comme Moïse »

En ces jours-là, Moïse monta des steppes de Moab au mont Nébo, sur un sommet qui est en face de Jéricho. Le Seigneur lui fit voir tout le pays : Galaad jusqu'à Dane, tout Nephtali, le pays d'Éphraïm et de Manassé, tout le pays de Juda jusqu'à la Méditerranée, le Néguev, la région du Jourdain, la vallée de Jéricho ville des Palmiers, jusqu'à Soar. Le Seigneur lui dit : « Ce pays que tu vois, j'ai juré à Abraham, à Isaac et à Jacob

de le donner à leur descendance. Je te le fais voir, mais tu n'y entreras pas. » Moïse, le serviteur du Seigneur, mourut là, au pays de Moab, selon la parole du Seigneur. On l'enterra dans la vallée qui est en face de Beth-Péor, au pays de Moab. Mais aujourd'hui encore, personne ne sait où se trouve son tombeau. Moïse avait cent vingt ans quand il mourut ; sa vue n'avait pas baissé, sa vitalité n'avait pas diminué. Les fils d'Israël pleurèrent Moïse dans les steppes de Moab, pendant trente jours. C'est alors que s'achevèrent les jours du deuil de Moïse. Josué, fils de Noun, était rempli de l'esprit de sagesse, parce que Moïse lui avait imposé les mains. Les fils d'Israël lui obéirent, ils firent ce que le Seigneur avait prescrit à Moïse.

Il ne s'est plus levé en Israël un prophète comme Moïse, lui que le Seigneur rencontrait face à face. Que de signes et de prodiges le Seigneur l'avait envoyé accomplir en Égypte, devant Pharaon, tous ses serviteurs et tout son pays ! Avec quelle main puissante, quel pouvoir redoutable, Moïse avait agi aux yeux de tout Israël !

– Parole du Seigneur.

Psaume 65 (66)

℟ ***Béni soit Dieu, car il rend la vie à notre âme.***

Acclamez Dieu, toute la terre ;
fêtez la gloire de son nom,
glorifiez-le en célébrant sa louange.
Dites à Dieu : « Que tes actions
sont redoutables ! » ℟

Venez et voyez les hauts faits de Dieu,
ses exploits redoutables
pour les fils des hommes.
Peuples, bénissez notre Dieu !
Faites retentir sa louange. ℟

Venez, écoutez, vous tous qui craignez Dieu :
je vous dirai ce qu'il a fait pour mon âme ;
quand je poussai vers lui mon cri,
ma bouche faisait déjà son éloge. ℟

Acclamation de l'Évangile

Alléluia. Alléluia. Dans le Christ, Dieu réconciliait le monde avec lui : il a mis dans notre bouche la parole de la réconciliation. ***Alléluia.***

Évangile de Jésus Christ

selon saint Matthieu (18, 15-20)

« S'il t'écoute, tu as gagné ton frère »

En ce temps-là, Jésus disait à ses disciples : « Si ton frère a commis un péché contre toi, va lui faire des reproches seul à seul. S'il t'écoute, tu as gagné ton frère. S'il ne t'écoute pas, prends en plus avec toi une ou deux personnes afin que toute l'affaire soit réglée sur la parole de deux ou trois témoins. S'il refuse de les écouter, dis-le à l'assemblée de l'Église ; s'il refuse encore d'écouter l'Église, considère-le comme un païen et un publicain*. Amen, je vous le dis : tout ce que vous aurez lié sur la terre sera lié dans le ciel, et tout ce que vous aurez délié sur la terre sera délié dans le ciel.

« Et pareillement, amen, je vous le dis, si deux d'entre vous sur la terre se mettent d'accord pour demander quoi que ce soit, ils l'obtiendront de mon Père qui est aux cieux. En effet, quand deux ou trois sont réunis en mon nom, je suis là, au milieu d'eux. »

Prière sur les offrandes

Accueille, Seigneur, les dons très saints que tu nous as demandé de consacrer à ton nom ; et pour qu'ils nous disposent à te plaire, fais-nous toujours obéir à tes commandements. Par le Christ, notre Seigneur. **— *Amen.***

Antienne de la communion

Louez le Seigneur, tous les peuples :
sa miséricorde envers nous
s'est montrée la plus forte.
(cf. Ps 116, 1-2)

OU

Je suis avec vous tous les jours,
jusqu'à la fin du monde,
dit le Seigneur.
(Mt 28, 20)

Prière après la communion

Nous t'en supplions, Dieu tout-puissant : ne permets pas que soient jamais séparés de toi ceux qui ont la joie de participer à ta vie divine. Par le Christ, notre Seigneur. **— *Amen.***

INVITATION

Quel pardon ai-je à vivre ces jours-ci ? Si je le peux, je vais le porter à la personne que j'ai offensée. Sinon, je peux le confier au Seigneur dans ma prière.

COMMENTAIRE

Conciliation et réconciliation Matthieu 18, 15-20

Un litige, une tentative de conciliation qui échoue, un recours devant une plus haute assemblée : l'évangile du jour est marqué par une tonalité très juridique. Et dans le même temps, il nous plonge au cœur du mystère de la communion entre Dieu et les hommes : « Quand deux ou trois sont réunis en mon nom, je suis là, au milieu d'eux. » L'occasion de nous rappeler que tous nos efforts pour parvenir à un accord ou désamorcer des conflits ne sont pas des pertes de temps mais bien le signe de la présence du Royaume ! ■ ***Bertrand Lesoing,*** *prêtre de la communauté Saint-Martin*

✲ CLÉ DE LECTURE

« Comme un païen et un publicain » Matthieu 18, 17 *(p. 121)*

L'Église de Matthieu cherche les voies du pardon, mais sa pédagogie connaît des limites : le frère qui ne se repent pas sera considéré « comme un païen et un publicain ». L'expression révèle un groupe très marqué par la culture juive et ses règles de séparation : le païen et le publicain sont des impurs, de ce fait même exclus. N'est-on pas alors en pleine contradiction avec l'enseignement de Jésus, qui est venu rejoindre par priorité les pécheurs, « les publicains et les prostituées » (Mt 21, 31) ? Les groupes chrétiens ont longuement tâtonné, hésité devant l'exigence radicale de l'amour. Mais le lecteur contemporain peut rêver : considérer le pécheur « comme un païen et un publicain », n'est-ce pas lui offrir de façon privilégiée le pardon de Jésus ? ■ ***Roselyne Dupont-Roc,*** *bibliste*

Saint Étienne de Hongrie

Couleur liturgique : blanc

970-1038. Sacré roi de Hongrie le jour de Noël de l'an 1000, il se consacra à l'unification et à la christianisation de son pays, le dotant d'évêchés, d'églises et de monastères.

Antienne d'ouverture

Seigneur, le juste se réjouit
de ta force ; quelle vive allégresse
lui donne ton salut ! Tu as
répondu au désir de son âme.
(cf. Ps 20, 2-3)

Prière

Dieu tout-puissant, tu as donné à saint Étienne de Hongrie de travailler à l'extension de ton Église quand il était roi sur la terre ; fais qu'il soit pour elle un défenseur, maintenant qu'il est dans la gloire du ciel. Par Jésus…

— Amen.

Prière sur les offrandes

Grâce à l'offrande qui t'est présentée, Seigneur, en la mémoire de saint Étienne de Hongrie, accorde largement à tes fidèles les dons de l'unité et de la paix. Par le Christ, notre Seigneur.

— Amen.

Antienne de la communion

Cherchez d'abord le royaume de Dieu,
et tout vous sera donné par surcroît,
dit le Seigneur.
(Mt 6, 33)

Prière après la communion

Seigneur, que cette communion à ton sacrement, reçue en mémoire de saint Étienne de Hongrie, sanctifie nos esprits et nos cœurs, pour que nous devenions participants de la nature divine. Par le Christ, notre Seigneur.

— Amen.

Temps ordinaire, *suggestion d'oraisons et d'antiennes n° 1*

Antienne d'ouverture
J'ai vu un homme qui siégeait sur un trône élevé ;
la multitude des anges l'adore en chantant d'une seule voix :
« Voici celui dont l'empire a un nom éternel. »

Prière
Aux appels de ton peuple en prière, réponds, Seigneur, en ta tendresse : donne à chacun la claire vision de ce qu'il doit faire et la force de l'accomplir. Par Jésus…
— Amen.

Lecture

du livre de Josué (3, 7-10a.11.13-17)

« L'arche de l'Alliance du Seigneur va passer le Jourdain devant vous »

En ces jours-là, le Seigneur dit à Josué : « Aujourd'hui, je vais commencer à te grandir devant tout Israël, pour qu'il sache que je suis avec toi comme j'ai été avec Moïse. Toi, tu donneras cet ordre aux prêtres qui portent l'arche d'Alliance : “Lorsque vous serez arrivés au bord du Jourdain, vous vous arrêterez dans le lit du fleuve.” » Josué dit ensuite aux fils d'Israël : « Approchez, écoutez les paroles du Seigneur votre Dieu. À ceci, vous reconnaîtrez que le Dieu vivant est au milieu de vous,

et qu'il vous mettra en possession du pays des Cananéens : voici que l'arche de l'Alliance du Seigneur de toute la terre va passer le Jourdain devant vous. Aussitôt que les prêtres qui portent l'arche du Seigneur de toute la terre auront posé la plante de leurs pieds dans les eaux du Jourdain, les eaux qui sont en amont seront coupées, et elles s'arrêteront en formant une seule masse. »
Quand le peuple leva le camp pour passer le Jourdain, les prêtres portaient l'arche d'Alliance en tête du peuple. Or, le Jourdain coule à pleins bords pendant toute la saison des moissons. Dès que les prêtres qui portaient l'arche furent arrivés au Jourdain, et que leurs pieds touchèrent l'eau, les eaux s'arrêtèrent en amont et se dressèrent comme une seule masse sur une grande distance, à partir d'Adame, ville voisine de Sartane ; et en aval, les eaux achevèrent de s'écouler vers la mer de la Araba, la mer Morte. Le peuple traversa à la hauteur de Jéricho. Les prêtres qui portaient l'arche de l'Alliance du Seigneur restèrent immobiles, sur la terre sèche, au milieu du Jourdain. Alors tout Israël traversa à pied sec, jusqu'à ce que toute la nation eût fini de passer le Jourdain. – Parole du Seigneur.

Psaume 113A (114)

℟ ***Alléluia !***

Quand Israël sort<u>i</u>t d'Égypte,
et Jacob, de chez un pe<u>u</u>ple étranger,

Juda fut pour Die<u>u</u> un sanctuaire,
Israël dev<u>i</u>nt son domaine. ℟

La mer voit et s'enfuit,
le Jourdain retourne en arrière.
Comme des béliers,
bondissent les montagnes,
et les collines, comme des agneaux. ℟

Qu'as-tu, mer, à t'enfuir,
Jourdain, à retourner en arrière ?
Montagnes, pourquoi bondir
comme des béliers,
collines, comme des agneaux ? ℟

Acclamation de l'Évangile

Alléluia. Alléluia. Pour ton serviteur, que ton visage s'illumine : apprends-moi tes commandements. ***Alléluia.***

Évangile de Jésus Christ

selon saint Matthieu (18, 21 – 19, 1)

« Je ne te dis pas de pardonner jusqu'à sept fois, mais jusqu'à 70 fois sept fois »

En ce temps-là, Pierre s'approcha de Jésus pour lui demander : « Seigneur, lorsque mon frère commettra des fautes contre moi, combien de fois dois-je lui pardonner ? Jusqu'à sept fois ? » Jésus lui répondit : « Je ne te dis pas jusqu'à sept fois, mais jusqu'à 70 fois sept fois. Ainsi, le royaume des Cieux est comparable à un roi qui voulut régler ses comptes avec ses serviteurs. Il commençait, quand on lui amena quelqu'un qui lui devait dix mille talents (c'est-à-dire soixante millions de pièces d'argent). Comme cet homme n'avait pas de quoi rembourser, le maître ordonna de le vendre, avec sa femme, ses enfants et tous ses biens, en remboursement de sa dette. Alors, tombant à ses pieds, le serviteur demeurait prosterné et disait : "Prends patience envers moi, et je te

rembourserai tout." Saisi de compassion, le maître de ce serviteur le laissa partir et lui remit sa dette.
« Mais, en sortant, ce serviteur trouva un de ses compagnons qui lui devait cent pièces d'argent. Il se jeta sur lui pour l'étrangler, en disant : "Rembourse ta dette !" Alors, tombant à ses pieds, son compagnon le suppliait : "Prends patience envers moi, et je te rembourserai." Mais l'autre refusa et le fit jeter en prison jusqu'à ce qu'il ait remboursé ce qu'il devait. Ses compagnons, voyant cela, furent profondément attristés et allèrent raconter à leur maître tout ce qui s'était passé. Alors celui-ci le fit appeler et lui dit : "Serviteur mauvais ! je t'avais remis toute cette dette parce que tu m'avais supplié. Ne devais-tu pas, à ton tour, avoir pitié de ton compagnon, comme moi-même j'avais eu pitié de toi ?" Dans sa colère, son maître le livra aux bourreaux jusqu'à ce qu'il eût remboursé tout ce qu'il devait.
« C'est ainsi que mon Père du ciel vous traitera, si chacun de vous ne pardonne pas à son frère du fond du cœur. »
Lorsque Jésus eut terminé ce discours, il s'éloigna de la Galilée et se rendit dans le territoire de la Judée, au-delà du Jourdain.

Prière sur les offrandes

Que l'offrande de ton peuple te soit agréable, nous t'en prions, Seigneur : qu'elle le fasse grandir en sainteté, et lui obtienne ce qu'il demande avec ferveur. Par le Christ, notre Seigneur. ***— Amen.***

Antienne de la communion

Seigneur, en toi est la source de vie ; par ta lumière, nous voyons la lumière. (Ps 35, 10)

OU

Je suis venu pour qu'ils aient la vie, la vie en abondance, dit le Seigneur. (Jn 10, 10)

Prière après la communion

Dieu tout-puissant, nous t'en supplions : tu refais nos forces par tes sacrements, donne-nous aussi de pouvoir dignement te servir par une vie qui te plaise. Par le Christ, notre Seigneur. ***— Amen.***

INVITATION

Et si, chaque fois que je me surprenais à consulter, par réflexe, mon téléphone portable, j'adressais une petite prière à Dieu ?

COMMENTAIRE

La loi du pardon Matthieu 18, 21 – 19, 1

490 (70 multiplié par 7) : c'est le nombre de fois que le Seigneur nous invite à pardonner, un pardon sans borne et sans mesure. Qu'en est-il alors des exigences de justice et de réparation ? Elles ne sont pas effacées, loin de là. Elles sont même nécessaires, mais ne seront jamais suffisantes. Nous sommes appelés à élargir toujours plus l'espace de notre cœur, à accueillir le pardon du Seigneur, « comme nous pardonnons aussi à ceux qui nous ont offensés ». ■

***Bertrand Lesoing,** prêtre de la communauté Saint-Martin*

VENDREDI 18 AOÛT 2023

19E SEMAINE DU TEMPS ORDINAIRE COULEUR LITURGIQUE : VERT

Temps ordinaire, *suggestion d'oraisons et d'antiennes n° 2*

Antienne d'ouverture

Toute la terre se prosterne devant toi, qu'elle chante pour toi, qu'elle chante un psaume pour ton nom, Dieu très-haut. (cf. Ps 65, 4)

Prière

Dieu éternel et tout-puissant, qui régis et le ciel et la terre, exauce, en ta bonté, les supplications de ton peuple et donne à notre temps la paix qui vient de toi. Par Jésus… ***— Amen.***

Lecture

du livre de Josué (24, 1-13)

« J'ai pris votre père au-delà de l'Euphrate ; j'ai fait sortir vos pères de l'Égypte ; je vous ai introduits dans le pays »

En ces jours-là, Josué réunit toutes les tribus d'Israël à Sichem ; puis il appela les anciens d'Israël, avec les chefs, les juges et les scribes ; ils se présentèrent devant Dieu. Josué dit alors à tout le peuple : « Ainsi parle le Seigneur, le Dieu d'Israël : Vos ancêtres habitaient au-delà de l'Euphrate depuis toujours, jusqu'à Tèrah, père d'Abraham et de Nahor, et ils servaient d'autres dieux. Alors j'ai pris votre père Abraham au-delà de l'Euphrate, et je lui ai fait traverser toute la terre de Canaan ; j'ai

multiplié sa descendance, et je lui ai donné Isaac. À Isaac, j'ai donné Jacob et Ésaü. À Ésaü, j'ai donné en possession la montagne de Séïr. Jacob et ses fils sont descendus en Égypte.

« J'ai envoyé ensuite Moïse et Aaron, et j'ai frappé l'Égypte par tout ce que j'ai accompli au milieu d'elle. Ensuite, je vous en ai fait sortir. Donc, j'ai fait sortir vos pères de l'Égypte, et vous êtes arrivés à la mer; les Égyptiens poursuivaient vos pères avec des chars et des guerriers jusqu'à la mer des Roseaux. Vos pères crièrent alors vers le Seigneur, qui étendit un brouillard épais entre vous et les Égyptiens, et fit revenir sur eux la mer, qui les recouvrit. Vous avez vu de vos propres yeux ce que j'ai fait en Égypte, puis vous avez séjourné longtemps dans le désert.

« Je vous ai introduits ensuite dans le pays des Amorites qui habitaient au-delà du Jourdain. Ils vous ont fait la guerre, et je les ai livrés entre vos mains : vous avez pris possession de leur pays, car je les ai anéantis devant vous. Puis Balaq, fils de Cippor, roi de Moab, se leva pour faire la guerre à Israël, et il envoya chercher Balaam, fils de Béor, pour vous maudire. Mais je n'ai pas voulu écouter Balaam : il a même dû vous bénir, et je vous ai sauvés de la main de Balaq.

« Ensuite, vous avez passé le Jourdain pour atteindre Jéricho; les chefs de Jéricho vous ont fait la guerre, ainsi que de nombreux peuples, mais je les ai livrés entre vos mains. J'ai envoyé devant vous des frelons, qui ont chassé les deux rois amorites; ce ne fut ni par ton épée ni par ton arc. Je vous ai donné une terre qui ne vous a coûté aucune peine, des villes dans lesquelles vous vous êtes installés sans les avoir bâties, des vignes et des oliveraies dont vous profitez aujourd'hui sans les avoir plantées. » – Parole du Seigneur.

Psaume 135 (136)

℟ ***Éternel est son amour !***
ou ***Alléluia !***

Rendez grâce au Seigneur : il est bon, ℟
Rendez grâce au Dieu des dieux, ℟
Rendez grâce au Seigneur des seigneurs, ℟

Lui qui mena son peuple au désert, ℟
qui frappa des princes fameux, ℟
et fit périr des rois redoutables, ℟

Pour donner leur pays en héritage, ℟
en héritage à Israël, son serviteur, ℟
il nous tira de la main des oppresseurs, ℟

Acclamation de l'Évangile

Alléluia. Alléluia. Accueillez la parole de Dieu pour ce qu'elle est réellement : non pas une parole d'hommes, mais la parole de Dieu. ***Alléluia.***

Évangile de Jésus Christ

selon saint Matthieu (19, 3-12)

« C'est en raison de la dureté de votre cœur que Moïse vous a permis de renvoyer vos femmes. Mais au commencement, il n'en était pas ainsi »

En ce temps-là, des pharisiens s'approchèrent de Jésus pour le mettre à l'épreuve ; ils lui demandèrent : « Est-il permis à un homme de renvoyer sa femme pour n'importe quel motif ? » Il répondit : « N'avez-vous pas lu ceci ? Dès le commencement, le Créateur les fit

homme et femme, et dit : *“À cause de cela, l’homme quittera son père et sa mère, il s’attachera à sa femme, et tous deux deviendront une seule chair.”* Ainsi, ils ne sont plus deux, mais une seule chair. Donc, ce que Dieu a uni, que l’homme ne le sépare pas ! » Les pharisiens lui répliquent : « Pourquoi donc Moïse a-t-il prescrit la remise d’un acte de divorce avant la répudiation ? »
Jésus leur répond : « C’est en raison de la dureté de votre cœur que Moïse vous a permis de renvoyer vos femmes. Mais au commencement, il n’en était pas ainsi. Or je vous le dis : si quelqu’un renvoie sa femme – sauf en cas d’union illégitime – et qu’il en épouse une autre, il est adultère. » Ses disciples lui disent : « Si telle est la situation de l’homme par rapport à sa femme, mieux vaut ne pas se marier. »
Il leur répondit : « Tous ne comprennent pas cette parole, mais seulement ceux à qui cela est donné. Il y a des gens qui ne se marient pas car, de naissance, ils en sont incapables ; il y en a qui ne peuvent pas se marier car ils ont été mutilés par les hommes ; il y en a qui ont choisi de ne pas se marier à cause du royaume des Cieux. Celui qui peut comprendre, qu’il comprenne ! »

Prière sur les offrandes

Accorde-nous, Seigneur, nous t’en prions, de participer dignement à ces mystères, car chaque fois qu’est célébré ce sacrifice en mémorial, c’est l’œuvre de notre rédemption qui s’accomplit. Par le Christ, notre Seigneur. – ***Amen.***

Antienne de la communion

Tu prépares la table pour moi ;
la coupe qui m'enivre,
comme elle est admirable ! (cf. Ps 22, 5)
OU
Nous avons reconnu l'amour
que Dieu a pour nous,
et nous y avons cru. (1 Jn 4, 16)

Prière après la communion

Répands en nous, Seigneur, ton Esprit de charité, afin d'unir dans un même amour ceux que tu as nourris du même pain du ciel. Par le Christ, notre Seigneur. — ***Amen.***

INVITATION

« Rendez grâce au Seigneur », nous invite le psalmiste. Je nomme trois choses pour lesquelles je veux rendre grâce au Seigneur. Éternel est son amour !

COMMENTAIRE

Le juste prix

Matthieu 19, 3-12

« Est-il permis ? » demandent les pharisiens à Jésus. Question piégée : la relation vivante au Seigneur ne saurait se réduire à une série de permissions ou d'interdictions. Comme souvent, le Christ fait un pas de côté, renvoyant ses interlocuteurs à leur propre liberté, au projet originel du Créateur et aux exigences de la foi. Résultat : la réponse donnée perd en simplicité et en netteté. Peut-être est-ce là le prix à payer pour une authentique croissance spirituelle. ■

Bertrand Lesoing, *prêtre de la communauté Saint-Martin*

SAMEDI 19 AOÛT 2023

19E SEMAINE DU TEMPS ORDINAIRE COULEUR LITURGIQUE : VERT

Temps ordinaire, *suggestion d'oraisons et d'antiennes n° 3*
ou **saint Jean Eudes,** *voir p. 140*
ou **bienheureuse Vierge Marie,** *voir p. 141*

Antienne d'ouverture

Chantez au Seigneur un chant nouveau,
chantez au Seigneur, terre entière. Devant lui, splendeur et majesté,
dans son sanctuaire, puissance et beauté. (Ps 95, 1.6)

Prière

Dieu éternel et tout-puissant, dans ta bienveillance, dirige nos actions, afin qu'au nom de ton Fils bien-aimé, nous portions des fruits en abondance. Par Jésus…

— Amen.

Lecture

du livre de Josué (24, 14-29)

« Choisissez aujourd'hui qui vous voulez servir »

En ces jours-là, Josué avait réuni toutes les tribus d'Israël, et il leur disait : « Maintenant craignez le Seigneur ; servez-le dans l'intégrité et la fidélité. Écartez les dieux que vos pères ont servis au-delà de l'Euphrate et en Égypte ; servez le Seigneur. S'il ne vous plaît pas de servir le Seigneur, choisissez aujourd'hui qui vous voulez servir : les dieux que vos pères servaient au-delà de l'Euphrate, ou les dieux des Amorites dont vous habitez le pays. Moi et les miens, nous voulons servir le Seigneur. »

Le peuple répondit : « Plutôt mourir que d'abandonner le Seigneur pour servir d'autres dieux ! C'est le Seigneur notre Dieu qui nous a fait monter, nous et nos pères, du pays d'Égypte, cette maison d'esclavage ; c'est lui qui, sous nos yeux, a accompli tous ces signes et nous a protégés tout le long du chemin que nous avons parcouru, chez tous les peuples au milieu desquels nous sommes passés. Et même le Seigneur a chassé devant nous tous ces peuples, ainsi que les Amorites qui habitaient le pays. Nous aussi, nous voulons servir le Seigneur, car c'est lui notre Dieu. »
Alors Josué dit au peuple : « Vous ne pouvez pas servir le Seigneur, car il est un Dieu saint, il est un Dieu jaloux, qui ne pardonnera ni vos révoltes ni vos péchés. Si vous abandonnez le Seigneur pour servir les dieux étrangers, il se retournera contre vous, il vous fera du mal, il vous anéantira, lui qui vous a fait tant de bien. » Le peuple répondit à Josué : « Mais si ! Nous voulons servir le Seigneur. » Alors Josué dit au peuple : « Vous en êtes les témoins contre vous-mêmes : c'est vous qui avez choisi de servir le Seigneur. » Ils répondirent : « Nous en sommes témoins. » Josué reprit : « Alors, enlevez les dieux étrangers qui sont au milieu de vous, et tournez votre cœur vers le Seigneur, le Dieu d'Israël. » Le peuple répondit à Josué : « C'est le Seigneur notre Dieu que nous voulons servir, c'est à sa voix que nous voulons obéir. » En ce jour-là, Josué conclut une Alliance pour le peuple. C'est dans la ville de Sichem qu'il lui donna un statut et un droit. Josué inscrivit tout cela dans le livre de la loi de Dieu. Il prit une grande pierre et la dressa sous le chêne qui était dans le sanctuaire du Seigneur. Il dit à tout le peuple : « Voici une pierre qui servira de témoin contre

nous, car elle a entendu toutes les paroles que le Seigneur nous a dites ; elle servira de témoin contre vous, pour vous empêcher de renier votre Dieu. » Puis Josué renvoya le peuple, chacun dans la part de territoire qui était son héritage. Après ces événements, Josué, fils de Noun, serviteur du Seigneur, mourut à l'âge de cent dix ans. – Parole du Seigneur.

Psaume 15 (16)

℟ ***Seigneur, mon partage et ma coupe !***

Garde-moi, mon Dieu : j'ai fait de toi
mon refuge.
J'ai dit au Seigneur : « Tu es mon Dieu !
Seigneur, mon partage et ma coupe :
de toi dépend mon sort. » ℟

Je bénis le Seigneur qui me conseille :
même la nuit mon cœur m'avertit.
Je garde le Seigneur devant moi
sans relâche ;
il est à ma droite : je suis inébranlable. ℟

Tu m'apprends le chemin de la vie :
devant ta face, débordement de joie !
À ta droite, éternité de délices ! ℟

Acclamation de l'Évangile

Alléluia. Alléluia. Tu es béni, Père, Seigneur du ciel et de la terre, tu as révélé aux tout-petits les mystères du Royaume ! ***Alléluia.***

Évangile de Jésus Christ

selon saint Matthieu (19, 13-15)

« N'empêchez pas les enfants de venir à moi, car le royaume des Cieux est à ceux qui leur ressemblent »

En ce temps-là, on présenta des enfants à Jésus pour qu'il leur impose les mains en priant. Mais les disciples les écartèrent vivement. Jésus leur dit : « Laissez les enfants, ne les empêchez pas de venir à moi, car le royaume des Cieux est à ceux qui leur ressemblent. » Il leur imposa les mains, puis il partit de là.

Prière sur les offrandes

Accueille avec bienveillance nos présents, nous t'en prions, Seigneur : qu'ils soient sanctifiés et servent ainsi à notre salut. Par le Christ, notre Seigneur.

— Amen.

Antienne de la communion

Approchez du Seigneur :
resplendissez de sa lumière,
sans ombre ni trouble au visage.
(cf. Ps 33, 6)

OU

Je suis la lumière du monde,
dit le Seigneur. Celui qui me suit
ne marchera pas dans les ténèbres :
il aura la lumière de la vie.
(Jn 8, 12)

Prière après la communion

Nous t'en prions, Dieu tout-puissant ; nous recevons de toi la grâce qui fait vivre : fais que nous trouvions toujours notre gloire dans ce que tu nous donnes. Par le Christ, notre Seigneur.
— Amen.

INVITATION

Je peux inviter quelques amis à un repas partagé
dans un parc, un bois, un petit coin de nature près de chez moi.

COMMENTAIRE

Grands enfants — Matthieu 19, 13-15

« Le royaume des Cieux est à ceux qui leur ressemblent. » S'agirait-il donc pour nous de redevenir des enfants ? Tel n'est pas le sens des paroles de Jésus. La foi n'est pas affaire d'enfantillages et nous savons bien que les enfants sont loin d'être parfaits. En revanche, l'enthousiasme, la confiance simple et joyeuse, le brin d'insouciance qui marquent la première enfance demeurent à tout âge des balises sur la route de notre vie ! ■

***Bertrand Lesoing**, prêtre de la communauté Saint-Martin*

Saint Jean Eudes

Couleur liturgique : blanc

1601-1680. Prédicateur hors pair, missionnaire infatigable, il fonda la congrégation des Eudistes et répandit la dévotion aux Sacrés-Cœurs de Jésus et de Marie.

Antienne d'ouverture

L'Esprit du Seigneur est sur moi,
parce que le Seigneur m'a consacré
par l'onction. Il m'a envoyé porter
la Bonne Nouvelle aux pauvres,
guérir les cœurs brisés. (Lc 4, 18)

Prière

Seigneur Dieu, tu as choisi le prêtre saint Jean Eudes pour qu'il annonce l'insondable richesse du Christ ; accorde-nous de suivre son exemple et ses enseignements, afin de te connaître toujours davantage et de vivre dans la fidélité à la lumière de l'Évangile. Par Jésus… **— *Amen.***

Prière sur les offrandes

Dieu de puissance et de majesté, nous te supplions humblement : puisque les dons offerts en l'honneur de saint Jean Eudes attestent la gloire de ta puissance, qu'ils nous procurent le fruit de ton salut. Par le Christ, notre Seigneur.
— *Amen.*

Antienne de la communion

Je suis avec vous tous les jours,
dit le Seigneur,
jusqu'à la fin du monde.
(Mt 28, 20)

Prière après la communion

Que cette communion à tes mystères, Seigneur, nous achemine vers les joies éternelles que saint Jean Eudes a méritées par un service fidèle. Par le Christ, notre Seigneur. **— *Amen.***

Bienheureuse Vierge Marie

Couleur liturgique : blanc ou vert

Les samedis du temps ordinaire sans mémoire obligatoire, on peut faire mémoire de la Vierge Marie, selon une tradition qui honore la foi et l'espérance sans défaut de Marie le Samedi saint.

Antienne d'ouverture

Bienheureuse es-tu, Vierge Marie :
tu as porté le Créateur de l'univers,
tu as mis au monde celui qui t'a faite,
et tu demeures toujours vierge.

Prière

Dieu de miséricorde, viens au secours de notre faiblesse : puisque nous faisons mémoire de la sainte Mère de Dieu, fais que, soutenus par son intercession, nous soyons relevés de nos péchés. Par Jésus Christ… ***— Amen.***

OU

Que vienne à notre aide, Seigneur, nous t'en prions, l'admirable intercession de la bienheureuse Marie toujours vierge ; qu'elle nous obtienne la joie de vivre dans la paix que tu nous donnes, délivrés de tout péril. Par Jésus… ***— Amen.***

Prière sur les offrandes

En rendant hommage à la Mère de ton Fils, Seigneur, nous te supplions : que le sacrifice offert en ce jour fasse de nous, par le don de ta grâce, une éternelle offrande à ta gloire. Par le Christ, notre Seigneur. ***— Amen.***

Préface de la Vierge Marie, p. 234.

Antienne de la communion

Le Puissant fit pour moi des merveilles ;
Saint est son nom. (Lc 1, 49)

Prière après la communion

Tu nous as fait participer à la rédemption éternelle, et nous te prions, Seigneur : alors que nous faisons mémoire de la Mère de ton Fils, comble-nous de la plénitude de ta grâce, et fais-nous éprouver toujours davantage les effets du salut. Par le Christ, notre Seigneur. ***— Amen.***

DIMANCHE 20 AOÛT 2023

20E DIMANCHE DU TEMPS ORDINAIRE

ANNÉE A – COULEUR LITURGIQUE : VERT

« Et à l'heure même, sa fille fut guérie. »
Matthieu 15, 28

« Prends pitié de moi, Seigneur, fils de David ! » C'est une Cananéenne, une étrangère, qui ose s'adresser ainsi à Jésus. Elle ne se laisse pas décourager par les réticences apparentes du Messie. Au contraire, sa foi audacieuse en est démultipliée. À la suite de cette femme, osons crier vers le Seigneur, de tout notre cœur, de tout notre être, pour le monde entier. Alors, le Seigneur nous dira : « Ta foi est grande. »

RITES INITIAUX

Chant d'entrée *(Suggestions p. 255)*
OU
Antienne d'ouverture
Dieu, notre protecteur, regarde : vois le visage de ton Christ ;
un jour dans tes parvis en vaut plus que mille.
(cf. Ps 83, 10-11)

Suggestion de préparation pénitentielle *(ou p. 226)*
Frères et sœurs, le Seigneur nous invite aujourd'hui à une grande foi. Préparons-nous à célébrer le mystère de l'eucharistie, en reconnaissant que nous avons péché.

Seigneur Jésus, toi qui nous prends en grâce et nous bénis, ton visage de miséricorde s'illumine pour nous. Kyrie, eleison.

— Kyrie, eleison.

Ô Christ, toi qui es venu réconcilier notre monde avec ton Père, tu redonnes vie à ceux qui étaient déjà morts. Christe, eleison.

— Christe, eleison.

Seigneur, toi qui te laisses toucher par la foi audacieuse des petits, tu nous donnes la guérison et le salut. Kyrie, eleison.

— Kyrie, eleison.

Que Dieu tout-puissant nous fasse miséricorde ; qu'il nous pardonne nos péchés et nous conduise à la vie éternelle. ***— Amen.***

Gloire à Dieu (p. 228)

Prière

Pour ceux qui t'aiment, Seigneur Dieu, tu as préparé des biens que l'œil ne peut voir : répands en nos cœurs la ferveur de ta charité, afin que t'aimant en toute chose et par-dessus tout, nous obtenions de toi l'héritage promis qui surpasse tout désir. Par Jésus… **– *Amen.***

LITURGIE DE LA PAROLE

Lecture du livre du prophète Isaïe (56, 1.6-7)

« Les étrangers, je les conduirai à ma montagne sainte »

Ainsi parle le Seigneur : Observez le droit, pratiquez la justice, car mon salut approche, il vient, et ma justice va se révéler. Les étrangers qui se sont attachés au Seigneur pour l'honorer, pour aimer son nom, pour devenir ses serviteurs, tous ceux qui observent le sabbat sans le profaner et tiennent ferme à mon alliance, je les conduirai à ma montagne sainte, je les comblerai de joie dans ma maison de prière, leurs holocaustes et leurs sacrifices seront agréés sur mon autel, car ma maison s'appellera « Maison de prière pour tous les peuples ».

– Parole du Seigneur.

Psaume 66 (67)

℟ *Que les peuples, Dieu, te rendent grâce;*
qu'ils te rendent grâce tous ensemble !

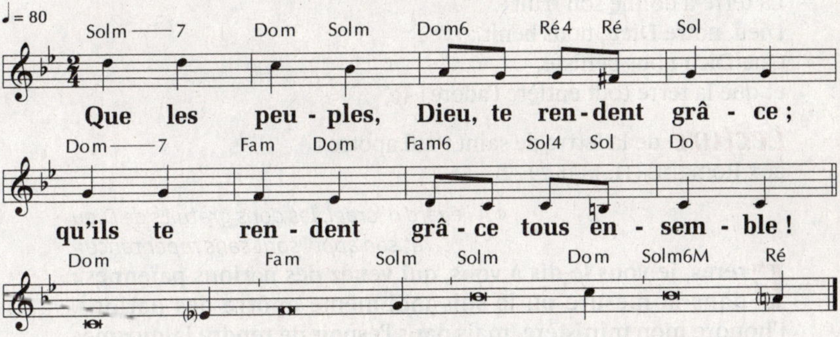

T. : AELF; M. : J.-P. Hervy; Éd. : ADF.

Que Dieu nous prenne en grâce et nous bénisse,
que ton visage s'illumine pour nous;
et ton chemin sera connu sur la terre,
ton salut, parmi toutes les nations. ℟

Que les nations chantent leur joie,
car tu gouvernes le monde avec justice;
tu gouvernes les peuples avec droiture,
sur la terre, tu conduis les nations. ℟

Retrouvez ce psaume sur le CD "Les psaumes de l'année A"

℟ *Que les peuples, Dieu, te rendent grâce ;*
qu'ils te rendent grâce tous ensemble !

La terre a donné son fruit ;
Dieu, notre Dieu, nous bénit.
Que Dieu nous bénisse,
et que la terre tout entière l'adore ! ℟

Lecture de la lettre de saint Paul apôtre aux Romains (11, 13-15.29-32)

« À l'égard d'Israël, les dons gratuits de Dieu et son appel sont sans repentance »

Frères, je vous le dis à vous, qui venez des nations païennes : dans la mesure où je suis moi-même apôtre des nations, j'honore mon ministère, mais dans l'espoir de rendre jaloux mes frères selon la chair, et d'en sauver quelques-uns. Si en effet le monde a été réconcilié avec Dieu quand ils ont été mis à l'écart, qu'arrivera-t-il quand ils seront réintégrés ? Ce sera la vie pour ceux qui étaient morts ! Les dons gratuits de Dieu et son appel sont sans repentance. Jadis, en effet, vous avez refusé de croire en Dieu, et maintenant, par suite de leur refus de croire, vous avez obtenu miséricorde ; de même, maintenant, ce sont eux qui ont refusé de croire, par suite de la miséricorde que vous avez obtenue, mais c'est pour qu'ils obtiennent miséricorde, eux aussi.

Dieu, en effet, a enfermé tous les hommes dans le refus de croire pour faire à tous miséricorde. – Parole du Seigneur.

Acclamation de l'Évangile

Alléluia. Alléluia. Jésus proclamait l'Évangile du Royaume, et guérissait toute maladie dans le peuple. ***Alléluia.***

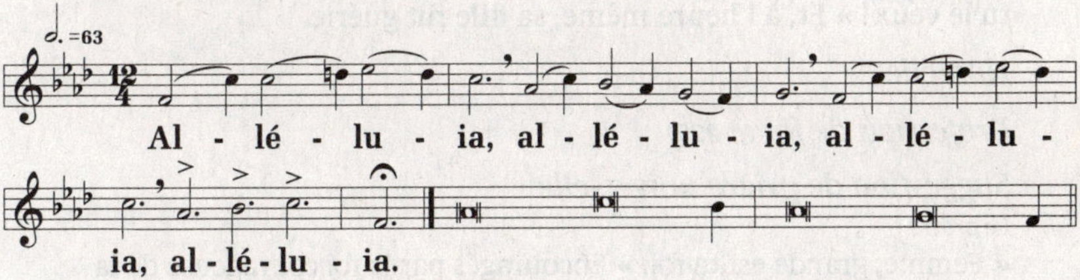

U 27-30 P. Zech; M. : J.-P. Lécot.

Évangile de Jésus Christ selon saint Matthieu (15, 21-28)

« Femme, grande est ta foi ! »

En ce temps-là, partant de Génésareth, Jésus se retira dans la région de Tyr et de Sidon. Voici qu'une Cananéenne, venue de ces territoires, disait en criant : « Prends pitié de moi, Seigneur, fils de David ! Ma fille est tourmentée par un démon. » Mais il ne lui répondit pas un mot. Les disciples s'approchèrent pour lui demander : « Renvoie-la, car elle nous poursuit de ses cris ! » Jésus répondit : « Je n'ai été envoyé qu'aux brebis perdues de la

maison d'Israël. » Mais elle vint se prosterner devant lui en disant : « Seigneur, viens à mon secours ! » Il répondit : « Il n'est pas bien de prendre le pain des enfants et de le jeter aux petits chiens. » Elle reprit : « Oui, Seigneur ; mais justement, les petits chiens mangent les miettes qui tombent de la table de leurs maîtres. » Jésus répondit : « Femme, grande est ta foi, que tout se passe pour toi comme tu le veux ! » Et, à l'heure même, sa fille fut guérie.

Homélie

Profession de foi *(p. 229)*

Suggestion de prière universelle

Le prêtre :

« Femme, grande est ta foi. » Encouragés par la foi courageuse de la Cananéenne, cette étrangère, tournons-nous vers Dieu notre Père. Prions-le pour l'Église et pour le monde.

℟ ***En ta bonté, Seigneur, écoute notre appel.***

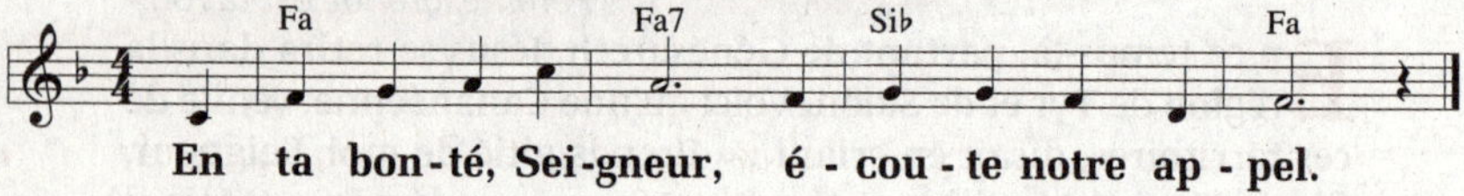

Y 33-3 SM; T. et M. : M. Debaisieux.

Le diacre ou un lecteur :

« Je n'ai été envoyé qu'aux brebis perdues de la maison d'Israël. »

Pour l'Église, afin qu'elle soit un lieu d'accueil et d'écoute pour tout homme et toute femme de notre monde. Avec foi, prions le Seigneur. ℟

« Renvoie-la, car elle nous poursuit de ses cris ! » Pour nos responsables politiques, afin qu'ils œuvrent à l'accueil et à l'intégration des migrants qui frappent aux portes de notre pays. Avec confiance, prions le Seigneur. ℟

« Prends pitié de moi, Seigneur ! » Pour celles et ceux qui se sentent exclus de la société, afin qu'ils trouvent des personnes et des associations prêtes à les accompagner sur un chemin d'humanité et de compassion. Ensemble, prions le Seigneur. ℟

« Grande est ta foi ! » Pour les jeunes de notre paroisse afin qu'ils se mettent en chemin et témoignent avec audace de la joie de croire. Avec toute l'Église, prions le Seigneur. ℟

(Ces intentions seront adaptées ou modifiées selon les circonstances.)

Le prêtre :

Dieu notre Père, tu te laisses toucher par celles et ceux qui te prient avec foi et humilité. Daigne nous exaucer, par le Christ, notre Seigneur. — ***Amen.***

LITURGIE EUCHARISTIQUE

Prière sur les offrandes

Accueille, Seigneur, ce que nous présentons pour cette eucharistie où s'accomplit un admirable échange : en offrant ce que tu nous as donné, puissions-nous te recevoir toi-même. Par le Christ, notre Seigneur. *— Amen.*

Prière eucharistique *(Préface des dimanches, p. 232)*

Chant de communion *(Suggestions p. 255)*
OU
Antienne de la communion
Oui, près du Seigneur est la miséricorde ;
près de lui abonde le rachat. (cf. Ps 129, 7)
OU
Je suis le pain vivant, qui est descendu du ciel,
dit le Seigneur ; si quelqu'un mange de ce pain,
il vivra éternellement. (Jn 6, 51)

Prière après la communion
Par ces sacrements, Seigneur, tu nous as unis au Christ, et nous implorons humblement ta bonté : sur la terre, transforme-nous à son image, pour que nous puissions partager sa vie dans le ciel. Lui qui… *— Amen.*

RITE DE CONCLUSION

Bénédiction et envoi

COMMENTAIRE DU DIMANCHE

Anne Da, xavière

L'audace tranquille de la foi

L'évangile met en lumière une femme. Une femme païenne, syro-phénicienne, qui ose prendre une initiative. Elle s'approche de Jésus, l'interpelle, expose sa situation, ose croire que le « Fils de David » peut agir et délivrer sa fille malade. Or Jésus se tait, puis répond de façon sévère au cri de la femme. Les disciples eux-mêmes s'en mêlent, non pour aider cette femme, mais pour en être débarrassés.

Pourtant, cette femme ne se laisse pas intimider. Elle se prosterne devant Jésus : « Seigneur, viens à mon secours ! » Elle insiste, implore pour son enfant, réclame les miettes qui tombent de la table des élus. Et voilà que son audace agit sur Jésus ! Elle est instrument de la grâce du Père car Jésus, après avoir repoussé sa demande, se laisse toucher, transformer par •••

••• la parole de foi d'une femme qui l'ouvre à la compassion pour tous. Au-delà de la jeune fille qu'il guérit, la rencontre avec cette femme païenne révèle à Jésus la plénitude de sa mission : il n'est pas venu au cœur de notre monde pour quelques-uns, pour les « brebis perdues » d'Israël, mais pour celles de toutes les nations, pour chacun en particulier. Il est le pasteur qui soigne, guérit, nourrit toutes les brebis dispersées pour les rassembler auprès du Père. Oui, nous devons à l'audace tranquille de cette femme de permettre à Jésus de manifester qu'il vient donner « la vie en abondance » (Jn 10, 10) à tous ceux qui croient en lui.

Quand une situation difficile se présente dans ma vie, est-ce que j'ose insister avec foi auprès du Seigneur ?

Suis-je prêt à intercéder pour que tout homme et toute femme reçoivent la vie en abondance ? ■

Prions en Église junior

LIRE L'ÉVANGILE AVEC LES ENFANTS

CE QUE JE DÉCOUVRE

L'évangile nous le montre, **l'amour et la foi viennent à bout de toutes les difficultés.** Une mère est inquiète pour sa fille malade. Elle est prête à tout pour attirer l'attention de Jésus. Par amour, elle crie, elle supplie, elle insiste et elle dérange les Apôtres. Ce qui touche Jésus, c'est la force de sa foi. Cette femme, une Cananéenne, a tellement confiance en Jésus qu'elle lui dit **qu'une miette de son amour suffira pour guérir sa fille. Jésus l'écoute et l'exauce.**

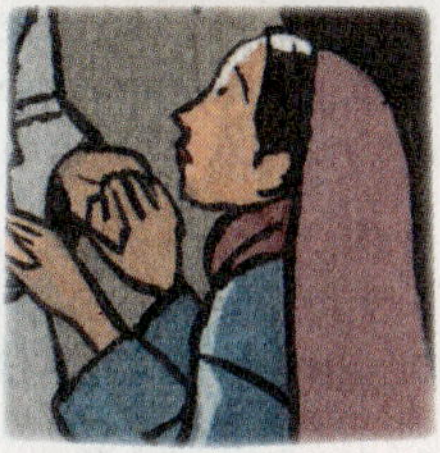

CE QUE JE VIS

Comment fais-tu pour demander quelque chose à Dieu ? Pour quel genre de demandes t'arrive-t-il d'insister énormément ?

Pour ton coin prière, écris sur une feuille le nom de personnes qui ont besoin de l'aide de Dieu.

Texte : Patricia Metzger. Illustrations : Marcelino Truong

MÉDITATION BIBLIQUE

20E DIMANCHE DU TEMPS ORDINAIRE

Évangile selon saint Matthieu 15, 21-28

Quand la rencontre est rendue possible

L'évangile nous donne à méditer sur les conditions d'une rencontre porteuse de vie, de guérison et de libération. Une rencontre avec autrui qui suppose de sortir de nos multiples conditionnements en matière d'appartenance ethnique, culturelle, religieuse.

Le temps de la préparation

« Que Dieu nous prenne en grâce et nous bénisse. » (Ps 66, 2)

Le temps de l'observation

Un parallélisme est à noter : tant Jésus que la Cananéenne se déplacent hors de leur milieu habituel. Ils vivent en quelque sorte une « sortie », un « exode » qui permettra la rencontre. Le déplacement est non seulement géographique, mais plus encore intérieur : il s'agit d'affronter « l'étranger ». La femme est anonyme, désignée par son appartenance ethnique qui évoque le monde païen. Pourtant, elle reconnaît en Jésus le « fils de David », le Messie susceptible de guérir sa fille « tourmentée par un démon », une force obscure et malfaisante. La réaction de Jésus à sa demande est de prime abord révoltante, sans parler de celle des disciples. Mais Jésus, après s'être tu et avoir ignoré, semble-t-il, la douleur de la Cananéenne, justifie son attitude : sa mission ne concerne que les « brebis perdues de la maison d'Israël ». Cela étant, il va se laisser déplacer par l'intelligence et l'à-propos de la femme. Ce qui fait écho à maintes situations bibliques dans lesquelles Dieu « renonce » à ce qu'il avait envisagé, suite à la prière ou à la conversion de son peuple.

Le temps de la méditation

Nous pouvons contempler Jésus, Dieu et homme, en devenir. La femme le fait avancer dans la compréhension de sa mission et l'urgence de l'élargir aux païens. Cette Cananéenne, puissante de par l'amour qu'elle porte à sa fille, semble donc le devancer. Sa vérité, le consentement à être ce qu'elle est, une païenne – un « petit chien » et non une « brebis » ou l'une de ces « enfants » d'Israël –, ouvre en Jésus la source de la compassion. Cette différence assumée rend possible la rencontre et l'action de Dieu. Un retournement étonnant fait aussi de cet épisode un sujet de méditation sans fin. Si, habituellement, nous sommes appelés à nous ajuster à la volonté de Dieu, ici, c'est Jésus qui se « démet » de la sienne : « Que tout se passe pour toi comme tu le veux ! » Ce qui nous dit quelque chose de l'alliance et de ce que Dieu attend de ses partenaires : non une soumission aveugle, mais l'habitation pleine et authentique de leur humanité.

Le temps de la prière

« Que les nations chantent leur joie. » (Ps 66, 5) ■

Emmanuelle Billoteau,
ermite

PARTAGE BIBLIQUE

Environ 45 minutes

Une bible ou Prions en Église, *page 144*

LES ÉTRANGERS, JE LES CONDUIRAI À MA MONTAGNE SAINTE (IS 56, 1.6-7)

Lire

Il est bon de relire ce passage d'Isaïe qui nous rappelle la place de l'étranger dans nos lieux de vie.

Comprendre le texte

Dans les chapitres 56 à 66 du livre d'Isaïe, alternent des promesses de joie et de bonheur adressées aux Israélites fidèles et des condamnations parfois virulentes envers ceux qui s'écartent de la foi et de la conduite morale qu'elle implique. L'exil est du passé et les rapatriés affrontent diverses difficultés pour reconstruire le pays et le Temple de Jérusalem. Parce qu'Israël a été mêlé à de nombreux peuples lors de son exil à Babylone, des étrangers désirent s'attacher religieusement au Seigneur. Vont-ils être acceptés en Israël ? Certains s'y opposent, comme à l'époque de Néhémie, vers 450 av. J.C., après avoir lu dans la Loi l'interdiction de leur accorder place dans la communauté. D'autres leur font place s'ils s'attachent au Seigneur « pour l'honorer, pour aimer son nom, pour devenir ses serviteurs », pour observer le sabbat et se garder de toute mauvaise action. Ils auront accès au Temple pour y prier et offrir des sacrifices. Au premier siècle de notre ère, ces étrangers qui s'attachent au Dieu des Juifs sont appelés des « craignant-Dieu » ou des « adorateurs de Dieu ». Ils seront les premiers non-Juifs à croire en Jésus Christ.

Partager

- Comment est-ce que je me situe face à des personnes étrangères, expatriées, des migrants ?
- Ai-je dû changer d'attitude à leur égard ?
- Que m'a appris le contact avec des personnes étrangères ?
- Comment est-ce que je contribue à faire de l'Église une maison de prière, un lieu d'accueil, d'écoute et de paix ?

Prier

Un chant s'impose pour redire le sens que nous donnons à nos assemblées : *Dieu est en attente* (page 267). ■

Sylvain Gasser, prêtre assomptionniste

LUNDI 21 AOÛT 2023

20^E SEMAINE DU TEMPS ORDINAIRE COULEUR LITURGIQUE : BLANC

Saint Pie X

1835-1914. Intraitable défenseur de la foi, Joseph Sarto – élu pape en 1903 – remit à l'honneur la communion précoce et fréquente, ainsi que la musique sacrée.

Antienne d'ouverture

Voici le grand prêtre qui pendant sa vie fut agréable à Dieu. C'est pourquoi le Seigneur a fait serment de le faire grandir au milieu de son peuple. (cf. Si 50, 1 ; 44, 16.22)

OU

Le Seigneur s'est choisi saint Pie X comme grand prêtre, et, lui ouvrant ses trésors, il l'a comblé de tous les biens.

Prière

Seigneur Dieu, pour veiller sur la foi catholique et récapituler toutes choses dans le Christ, tu as comblé le pape saint Pie X de sagesse divine et de courage apostolique ; accorde-nous de suivre ses instructions et ses exemples pour obtenir l'éternelle récompense. Par Jésus… ***— Amen.***

Lecture

du livre des Juges (2, 11-19)

« Le Seigneur suscita des juges. Mais ils n'obéissaient pas non plus à leurs juges »

En ces jours-là, les fils d'Israël firent ce qui est mal aux yeux du Seigneur, et ils servirent les Baals. Ils abandonnèrent le Seigneur, le Dieu de leurs pères, qui les avait fait sortir du pays d'Égypte, et ils

suivirent d'autres dieux parmi ceux des peuples d'alentour. Ils se prosternèrent devant eux, et ils irritèrent le Seigneur. Ils abandonnèrent le Seigneur pour servir Baal et Astarté. Alors la colère du Seigneur s'enflamma contre Israël. Il les livra aux mains des pillards, les abandonna aux ennemis qui les entouraient, et ils furent incapables de leur résister. Dans toutes leurs expéditions, la main du Seigneur était contre eux, pour leur malheur, comme il le leur avait dit, comme il en avait fait serment. Ils furent dans une très grande détresse.

Alors le Seigneur suscita des juges pour les sauver de la main des pillards. Mais ils n'obéissaient pas non plus à leurs juges. Ils se prostituèrent en suivant d'autres dieux, ils se prosternèrent devant eux. Ils ne tardèrent pas à se détourner du chemin où leurs pères avaient marché en obéissant aux commandements du Seigneur ; ils n'agirent pas comme eux. Lorsque le Seigneur suscitait pour eux un juge, le Seigneur était avec le juge, et il les sauvait de la main de leurs ennemis aussi longtemps que le juge était en vie ; car le Seigneur se laissait émouvoir quand ils gémissaient sous la violence de leurs oppresseurs. Mais quand le juge était mort, ils recommençaient et poussaient la corruption plus loin que leurs pères : ils suivaient d'autres dieux, les servaient et se prosternaient devant eux ; ils ne renonçaient en rien à leurs pratiques ni à leur conduite obstinée.

– Parole du Seigneur.

Psaume 105 (106)

℟ ***Souviens-toi de nous, Seigneur, dans ta bienveillance pour ton peuple.***

Avec nos pères, nous avons péché,
nous avons failli et renié.
Ils vont se mêler aux païens,
ils apprennent leur manière d'agir. ℟

Alors ils servent leurs idoles,
et pour eux c'était un piège :
ils offrent leurs fils et leurs filles
en sacrifice aux démons. ℟

De telles pratiques les souillent ;
ils se prostituent par de telles actions.
Et le Seigneur prend feu contre son peuple :
ses héritiers lui font horreur. ℟

Tant de fois délivrés par Dieu,
ils s'obstinent dans leur idée.
Et lui regarde leur détresse
quand il entend leurs cris. ℟

Acclamation de l'Évangile

Alléluia. Alléluia. Heureux les pauvres de cœur, car le royaume des Cieux est à eux ! ***Alléluia.***

Évangile de Jésus Christ

selon saint Matthieu (19, 16-22)

« Si tu veux être parfait, va, vends ce que tu possèdes,
donne-le aux pauvres, et tu auras un trésor dans les cieux »

En ce temps-là, voici que quelqu'un s'approcha de Jésus et lui dit : « Maître, que dois-je faire de bon pour avoir la vie éternelle ? » Jésus lui dit : « Pourquoi m'interroges-tu sur ce qui est bon ? Celui qui est bon, c'est Dieu,

et lui seul ! Si tu veux entrer dans la vie, observe les commandements. » Il lui dit : « Lesquels ? » Jésus reprit : « *Tu ne commettras pas de meurtre. Tu ne commettras pas d'adultère. Tu ne commettras pas de vol. Tu ne porteras pas de faux témoignage. Honore ton père et ta mère.* Et aussi : *Tu aimeras ton prochain comme toi-même.* » Le jeune homme lui dit : « Tout cela, je l'ai observé : que me manque-t-il encore ? » Jésus lui répondit : « Si tu veux être parfait, va, vends ce que tu possèdes, donne-le aux pauvres, et tu auras un trésor dans les cieux. Puis viens, suis-moi. »
À ces mots, le jeune homme s'en alla tout triste, car il avait de grands biens.

Prière sur les offrandes

En ta bonté, Seigneur, tu accueilles nos offrandes ; donne-nous de suivre les enseignements du pape saint Pie X, afin de célébrer avec respect ces mystères divins, et d'y communier avec foi. Par le Christ, notre Seigneur. ***— Amen.***

Antienne de la communion

Le bon pasteur, le vrai berger,
a donné sa vie pour ses brebis.
(cf. Jn 10, 11)

Prière après la communion

En célébrant la mémoire du pape saint Pie X, nous te prions, Seigneur notre Dieu : que notre participation à la table du ciel nous fortifie, qu'elle nous rende fermes dans la foi, et unis dans ton amour. Par le Christ, notre Seigneur. ***— Amen.***

INVITATION

Quels sont les « grands biens » dont je suis amené à me détacher pour suivre Jésus ?

COMMENTAIRE

La tentation de l'oubli

Juges 2, 11-19

Le livre des Juges peut être lu comme une « liturgie pénitentielle » : confession du péché et de ses conséquences, rappel du cri vers le Seigneur qui exauce et sauve son peuple de ses ennemis via un « juge ». Ce qui nous invite à réfléchir sur l'oubli, la tentation toujours renaissante de l'idolâtrie, la difficulté à faire confiance. À nous, donc, de cultiver ce que les auteurs spirituels appellent la « mémoire de Dieu » : par des prières brèves, la répétition d'un verset biblique, etc. ■

Emmanuelle Billoteau, ermite

MARDI 22 AOÛT 2023

COULEUR LITURGIQUE : BLANC

Bienheureuse Vierge Marie Reine

En l'octave de l'Assomption, l'Église célèbre aujourd'hui la puissance de Marie, qui intercède pour nous comme mère. Cet aspect triomphal de royauté présage déjà l'Église glorieuse du ciel.

Antienne d'ouverture

À ta droite, Seigneur, se tient la Reine, vêtue d'étoffes d'or.
(cf. Ps 44, 10)

Prière

Seigneur Dieu, tu as voulu que la Mère de ton Fils soit notre Mère et notre Reine ; fais que, soutenus par son intercession, nous obtenions dans le royaume des Cieux la gloire promise à tes enfants. Par Jésus… ***— Amen.***

Lectures propres à la mémoire de la bienheureuse Vierge Marie Reine.

Lecture

du livre du prophète Isaïe (9, 1-6)

« Un enfant nous est né »

Le peuple qui marchait dans les ténèbres a vu se lever une grande lumière ; et sur les habitants du pays de l'ombre, une lumière a resplendi. Tu as prodigué la joie, tu as fait grandir l'allégresse : ils se réjouissent devant toi, comme on se réjouit de la moisson, comme on exulte au partage du butin.
Car le joug qui pesait sur lui, la barre qui meurtrissait son épaule, le bâton du tyran, tu les as brisés* comme au

jour de Madiane. Et les bottes qui frappaient le sol, et les manteaux couverts de sang, les voilà tous brûlés : le feu les a dévorés. Oui, un enfant nous est né, un fils nous a été donné ! Sur son épaule est le signe du pouvoir ; son nom est proclamé : « Conseiller-merveilleux, Dieu-Fort, Père-à-jamais, Prince-de-la-Paix. » Et le pouvoir s'étendra, et la paix sera sans fin pour le trône de David et pour son règne qu'il établira, qu'il affermira sur le droit et la justice dès maintenant et pour toujours. Il fera cela, l'amour jaloux du Seigneur de l'univers ! – Parole du Seigneur.

Psaume 112 (113)

℟ ***Béni soit le nom du Seigneur, maintenant et pour les siècles des siècles !***
OU
Alléluia.

Louez, serviteurs du Seigneur,
louez le nom du Seigneur !
Béni soit le nom du Seigneur,
maintenant et pour les siècles des siècles ! ℟

Du levant au couchant du soleil,
loué soit le nom du Seigneur !
Le Seigneur domine tous les peuples,
sa gloire domine les cieux. ℟

Qui est semblable au Seigneur notre Dieu ?
Lui, il siège là-haut.
Mais il abaisse son regard
vers le ciel et vers la terre. ℟

De la poussière il relève le faible,
il retire le pauvre de la cendre
pour qu'il siège parmi les princes,
parmi les princes de son peuple. ℟

Acclamation de l'Évangile

Alléluia. Alléluia. Je te salue, Marie, Comblée-de-grâce : le Seigneur est avec toi, tu es bénie entre les femmes. ***Alléluia.***

Évangile de Jésus Christ

selon saint Luc (1, 26-38)

« Voici que tu vas concevoir et enfanter un fils »

En ce temps-là, l'ange Gabriel fut envoyé par Dieu dans une ville de Galilée, appelée Nazareth, à une jeune fille vierge, accordée en mariage à un homme de la maison de David, appelé Joseph ; et le nom de la jeune fille était Marie. L'ange entra chez elle et dit : « Je te salue, Comblée-de-grâce, le Seigneur est avec toi. » À cette parole, elle fut toute bouleversée, et elle se demandait ce que pouvait signifier cette salutation. L'ange lui dit alors : « Sois sans crainte, Marie, car tu as trouvé grâce auprès de Dieu. Voici que tu vas concevoir et enfanter un fils ; tu lui donneras le nom de Jésus. Il sera grand, il sera appelé Fils du Très-Haut ; le Seigneur Dieu lui donnera le trône de David son père ; il régnera pour toujours sur la maison de Jacob, et son règne n'aura pas de fin. » Marie dit à l'ange : « Comment cela va-t-il se faire, puisque je ne connais pas d'homme ? » L'ange lui répondit : « L'Esprit Saint viendra sur toi, et la puissance du Très-Haut te prendra sous son ombre ; c'est pourquoi celui qui va naître sera saint, il sera appelé Fils de Dieu. Or voici que, dans sa vieillesse, Élisabeth, ta parente, a conçu, elle aussi, un fils et en est à son sixième mois, alors qu'on l'appelait la femme stérile. Car rien n'est

impossible à Dieu. » Marie dit alors : « Voici la servante du Seigneur ; que tout m'advienne selon ta parole. » Alors l'ange la quitta.

Prière sur les offrandes

En célébrant la mémoire de la bienheureuse Vierge Marie, nous te présentons nos offrandes, Seigneur ; et nous t'en supplions : que l'humanité de ton Fils vienne à notre secours, puisqu'il s'est livré sur la croix comme une offrande pure. Lui qui… ***– Amen.***

Préface de la Vierge Marie, p. 234.

Antienne de la communion

Bienheureuse, toi qui as cru
à l'accomplissement
des paroles qui te furent dites
de la part du Seigneur.
(cf. Lc 1, 45)

Prière après la communion

Nourris par le sacrement du ciel, nous te supplions, Seigneur : donne à ceux qui vénèrent en ce jour la bienheureuse Vierge Marie, d'être jugés dignes de participer au banquet de l'éternité. Par le Christ, notre Seigneur. ***– Amen.***

INVITATION

Mon repas est le fruit du travail d'une foule invisible.
Je prends le temps de prier pour chaque personne de cette foule.

COMMENTAIRE

Reine Mère

Le mois d'août est ponctué de fêtes mariales : Assomption, Marie Reine, Marie Médiatrice (en Belgique). Les lectures nous centrent sur la merveille que représente l'Incarnation du Fils et sur le rôle de Marie dans l'histoire du salut, sur son consentement à se laisser saisir par Dieu pour vivre quelque chose d'unique, avec la marginalisation et la solitude qui peuvent en résulter. Toutes choses susceptibles de nous aider à avancer, sachant que nous aussi sommes appelés à laisser le Verbe prendre chair en nous. ■

***Emmanuelle Billoteau**, ermite*

✲ CLÉ DE LECTURE

« Tu les as brisés »

Isaïe 9, 3 *(p. 163)*

L'annonce joyeuse d'un roi messie qui apportera la paix et la prospérité à son peuple est décrite en termes très concrets de fête. Mais parmi les comparaisons utilisées, certaines peuvent faire frémir, notamment l'évocation de la victoire légendaire de Gédéon sur Madiane, avec des épisodes sanglants et le partage du butin ! Le souvenir de la libération de l'esclavage en Égypte, joug et gourdin que le Seigneur a « brisés », est le garant de victoires à venir. Oui, le Dieu d'Israël a été célébré comme un guerrier avant d'être un « briseur de guerres ». Car il faut accepter que les chemins du Seigneur vers les humains se fraient malgré leurs mains brutales, et le messie qui viendra devra, lui aussi, traverser leur violence pour faire triompher la paix. ■

***Roselyne Dupont-Roc**, bibliste*

MERCREDI 23 AOÛT 2023

20E SEMAINE DU TEMPS ORDINAIRE COULEUR LITURGIQUE : VERT

Temps ordinaire, *suggestion d'oraisons et d'antiennes n° 4*
ou **sainte Rose de Lima,** *voir p. 173*

Antienne d'ouverture

Sauve-nous, Seigneur notre Dieu ;
rassemble-nous du milieu des nations,
que nous rendions grâce à ton saint nom,
fiers de chanter ta louange ! (Ps 105, 47)

Prière

Accorde-nous, Seigneur notre Dieu, de pouvoir t'adorer de tout notre esprit, et d'avoir envers tous une vraie charité. Par Jésus… ***— Amen.***

Lecture

du livre des Juges (9, 6-15)

Vous m'avez dit : « Non, c'est un roi qui doit régner sur nous »
– alors que votre roi, c'est le Seigneur votre Dieu

En ces jours-là, tous les notables de Sichem et ceux de la maison du Terre-Plein se réunirent et vinrent proclamer roi Abimélek, près du chêne de la Pierre-Dressée qui est à Sichem. On l'annonça à Yotam. Celui-ci vint se poster sur le sommet du mont Garizim et il cria de toutes ses forces : « Écoutez-moi, notables de Sichem, et Dieu vous écoutera ! Un jour, les arbres se mirent en campagne pour se donner un roi et le consacrer par l'onction. Ils dirent à

l'olivier : "Sois notre roi !" L'olivier leur répondit : "Faudra-t-il que je renonce à mon huile, qui sert à honorer Dieu et les hommes, pour aller me balancer au-dessus des autres arbres ?" Alors les arbres dirent au figuier : "Viens, toi, sois notre roi !" Le figuier leur répondit : "Faudra-t-il que je renonce à la douceur et à la saveur de mes fruits, pour aller me balancer au-dessus des autres arbres ?" Les arbres dirent alors à la vigne : "Viens, toi, sois notre roi !" La vigne leur répondit : "Faudra-t-il que je renonce à mon vin, qui réjouit Dieu et les hommes, pour aller me balancer au-dessus des autres arbres ?" Alors tous les arbres dirent au buisson d'épines : "Viens, toi, sois notre roi !" Et le buisson d'épines répondit aux arbres : "Si c'est de bonne foi que vous me consacrez par l'onction pour être votre roi, venez vous abriter sous mon ombre ; sinon, qu'un feu sorte du buisson d'épines et dévore jusqu'aux cèdres du Liban !" »
– Parole du Seigneur.

Psaume 20 (21)

℟ ***Seigneur, le roi se réjouit de ta force.***

Seigneur, le roi se réjouit de ta force ;
quelle allégresse lui donne ta victoire !
Tu as répondu au désir de son cœur,
tu n'as pas rejeté le souhait de ses lèvres. ℟

Tu lui destines bénédictions et bienfaits,
tu mets sur sa tête une couronne d'or.
La vie qu'il t'a demandée, tu la lui donnes,
de longs jours, des années sans fin. ℟

Par ta victoire, grandit son éclat :
tu le revêts de splendeur et de gloire.
Tu mets en lui ta bénédiction pour toujours :
ta présence l'emplit de joie ! ℟

Acclamation de l'Évangile

Alléluia. Alléluia. Elle est vivante, efficace, la parole de Dieu ; elle juge des intentions et des pensées du cœur. ***Alléluia.***

Évangile de Jésus Christ

selon saint Matthieu (20, 1-16)

« Ton regard est-il mauvais parce que moi, je suis bon ? »

En ce temps-là, Jésus disait à ses disciples cette parabole : « Le royaume des Cieux est comparable au maître d'un domaine qui sortit dès le matin afin d'embaucher des ouvriers pour sa vigne. Il se mit d'accord avec eux sur le salaire de la journée : un denier, c'est-à-dire une pièce d'argent, et il les envoya à sa vigne. Sorti vers neuf heures, il en vit d'autres qui étaient là, sur la place, sans rien faire. Et à ceux-là, il dit : “Allez à ma vigne, vous aussi, et je vous donnerai ce qui est juste.” Ils y allèrent. Il sortit de nouveau vers midi, puis vers trois heures, et fit de même. Vers cinq heures, il sortit encore, en trouva d'autres qui étaient là et leur dit : “Pourquoi êtes-vous restés là, toute la journée, sans rien faire ?” Ils lui répondirent : “Parce que personne ne nous a embauchés.” Il leur dit : “Allez à ma vigne, vous aussi.”

« Le soir venu, le maître de la vigne dit à son intendant : “Appelle les ouvriers et distribue le salaire, en commençant par les derniers pour finir par les premiers.” Ceux qui avaient commencé à cinq heures s'avancèrent et reçurent chacun une pièce d'un denier. Quand vint le tour des premiers, ils pensaient recevoir davantage, mais ils reçurent, eux aussi, chacun une pièce d'un denier. En la recevant, ils récriminaient contre le maître du domaine : "Ceux-là, les derniers venus, n'ont fait qu'une heure, et tu les traites à l'égal de nous, qui avons enduré le poids du jour et de la chaleur !" Mais le maître répondit à l'un d'entre eux : "Mon ami, je ne suis pas injuste envers toi. N'as-tu pas été d'accord avec moi pour un denier ? Prends ce qui te revient, et va-t'en. Je veux donner au dernier venu autant qu'à toi : n'ai-je pas le droit de faire ce que je veux de mes biens ? Ou alors ton regard est-il mauvais parce que moi, je suis bon ?" C'est ainsi que les derniers seront premiers, et les premiers seront derniers. »

Prière sur les offrandes

Pour te servir, Seigneur, nous déposons nos présents sur ton autel : accueille-les favorablement, pour qu'ils deviennent le sacrement de notre rédemption. Par le Christ, notre Seigneur. — ***Amen.***

Antienne de la communion

Sur ton serviteur,
que s'illumine ta face ;
sauve-moi dans ta miséricorde.
Seigneur, garde-moi
d'être humilié, car je t'ai invoqué.
(cf. Ps 30, 17-18)

OU

Heureux les pauvres de cœur,
car le royaume des Cieux
est à eux. Heureux les doux,
car ils recevront la terre
en héritage. (Mt 5, 3.5)

Prière après la communion

Nous avons été fortifiés par le sacrement de notre rédemption, et nous t'en prions, Seigneur : que cette nourriture pour le salut éternel nous fasse progresser dans la foi véritable. Par le Christ, notre Seigneur. **— *Amen.***

INVITATION

« Les derniers seront premiers, et les premiers seront derniers. »
Ai-je jamais fini de méditer cette phrase ?

COMMENTAIRE

Qui sera le roi ?

Juges 9, 6-15

La fable qui nous est proposée dans le chapitre 9 du livre des Juges est un pamphlet contre la royauté désirée par certains en Israël et, ici, mise en œuvre dans un contexte particulier. Pourquoi cette méfiance face à un tel mode de gouvernement ? D'abord parce qu'Israël n'a qu'un seul Roi, le Seigneur. En outre, tout pouvoir humain ne court-il pas le risque de virer dans l'arbitraire, le paraître, la corruption ? D'où le refus des trois premiers arbres qui veulent continuer à donner le meilleur d'eux-mêmes. ■

***Emmanuelle Billoteau**, ermite*

Sainte Rose de Lima

Couleur liturgique : blanc

1586-1617. Première sainte des Amériques. Dans sa ville natale de Lima (Pérou), cette tertiaire dominicaine se consacra à la prière, aux mortifications et au service des pauvres.

Antienne d'ouverture

Viens, épouse du Christ,
reçois la couronne que le Seigneur
t'a préparée pour l'éternité.

Prière

Seigneur Dieu, tu as inspiré à sainte Rose de Lima, brûlant de ton amour, de quitter le monde pour s'attacher à toi seul dans une austère pénitence ; accorde-nous, à son intercession, de choisir sur la terre le chemin de la vie, pour goûter au ciel des joies inépuisables. Par Jésus… ***— Amen.***

Prière sur les offrandes

Accepte, Seigneur, l'humble hommage que nous te présentons en mémoire de la vierge sainte Rose de Lima ; et, par cette offrande immaculée, fais-nous brûler sans cesse en ta présence d'un amour fidèle et saint. Par le Christ, notre Seigneur. ***— Amen.***

Antienne de la communion

La vierge prévoyante
a choisi la meilleure part,
celle qui ne lui sera pas enlevée.
(cf. Lc 10, 42)

Prière après la communion

Déjà réconfortés par le pain du ciel, nous implorons humblement ta bonté, Seigneur : en ce jour où nous avons la joie de faire mémoire de sainte Rose de Lima, accorde-nous le pardon de nos fautes, donne à nos corps la santé, à nos âmes, ta grâce et la gloire sans fin. Par le Christ, notre Seigneur.
— Amen.

JEUDI 24 AOÛT 2023

COULEUR LITURGIQUE : ROUGE

Saint Barthélemy

Ier siècle. Un des douze Apôtres de Jésus.
On l'identifie à Nathanaël de l'évangile de saint Jean.

Antienne d'ouverture

De jour en jour, annoncez le salut de Dieu,
annoncez parmi les nations sa gloire.
(cf. Ps 95, 2-3)

Gloire à Dieu *(p. 228)*

Prière

Fortifie en nous, Seigneur, la foi sincère qui unissait à ton Fils le bienheureux apôtre Barthélemy ; et fais qu'à sa prière, ton Église devienne pour tous les peuples le sacrement du salut. Par Jésus… — ***Amen.***

Lectures propres à la fête de saint Barthélemy.

Lecture

de l'Apocalypse de saint Jean (21, 9b-14)

« Les fondations portaient les douze noms des douze Apôtres de l'Agneau »

Moi, Jean, j'ai vu un ange qui me disait : « Viens, je te montrerai la Femme, l'Épouse de l'Agneau. » En esprit, il m'emporta sur une grande et haute montagne ; il me montra la Ville sainte, Jérusalem, qui descendait du ciel, d'auprès de Dieu : elle avait en elle la gloire de Dieu ; son éclat était

celui d'une pierre très précieuse, comme le jaspe cristallin. Elle avait une grande et haute muraille, avec douze portes et, sur ces portes, douze anges; des noms y étaient inscrits : ceux des douze tribus des fils d'Israël. Il y avait trois portes à l'orient, trois au nord, trois au midi, et trois à l'occident. La muraille de la ville reposait sur douze fondations portant les douze noms des douze Apôtres de l'Agneau. – Parole du Seigneur.

Psaume 144 (145)

℟ ***Que tes fidèles, Seigneur, disent la gloire de ton règne.***

Que tes œuvres, Seigneur, te rendent grâce
et que tes fidèles te bénissent !
Ils diront la gloire de ton règne,
ils parleront de tes exploits. ℟

Ils annonceront aux hommes tes exploits,
la gloire et l'éclat de ton règne :
ton règne, un règne éternel,
ton empire, pour les âges des âges. ℟

Le Seigneur est juste en toutes ses voies,
fidèle en tout ce qu'il fait.
Il est proche de ceux qui l'invoquent,
de tous ceux qui l'invoquent en vérité. ℟

Acclamation de l'Évangile

Alléluia. Alléluia. Rabbi, c'est toi le Fils de Dieu ! C'est toi le roi d'Israël ! ***Alléluia.***

Évangile de Jésus Christ

selon saint Jean (1, 45-51)

« Voici vraiment un Israélite : il n'y a pas de ruse en lui. »

En ce temps-là, Philippe trouve Nathanaël et lui dit : « Celui dont il est écrit dans la loi de Moïse et chez les Prophètes, nous l'avons trouvé : c'est Jésus fils de Joseph, de Nazareth. » Nathanaël répliqua : « De Nazareth peut-il sortir quelque chose de bon ? » Philippe répond : « Viens, et vois. »

Lorsque Jésus voit Nathanaël venir à lui, il déclare à son sujet : « Voici vraiment un Israélite : il n'y a pas de ruse en lui. » Nathanaël lui demande : « D'où me connais-tu ? » Jésus lui répond : « Avant que Philippe t'appelle, quand tu étais sous le figuier, je t'ai vu. » Nathanaël lui dit : « Rabbi, c'est toi le Fils de Dieu ! C'est toi le roi d'Israël ! » Jésus reprend : « Je te dis que je t'ai vu sous le figuier, et c'est pour cela que tu crois ! Tu verras des choses plus grandes encore. » Et il ajoute : « Amen, amen, je vous le dis : vous verrez le ciel ouvert, et les anges de Dieu monter et descendre au-dessus du Fils de l'homme. »

Prière sur les offrandes

En célébrant la fête du bienheureux apôtre Barthélemy, Seigneur, nous te prions : par son intercession, accorde-nous ton secours, puisque nous t'offrons en son honneur ce sacrifice de louange. Par le Christ, notre Seigneur. — ***Amen.***

Préface des Apôtres, p. 234.

Antienne de la communion

Je dispose pour vous du Royaume, comme mon Père en a disposé pour moi : vous mangerez et boirez à ma table dans mon Royaume, dit le Seigneur. (Lc 22, 29-30)

Prière après la communion

Nous avons reçu, Seigneur, le gage du salut éternel en célébrant la fête du bienheureux apôtre Barthélemy ; nous t'en prions : que cette communion nous soit un secours pour la vie présente et la vie future. Par le Christ, notre Seigneur. ***— Amen.***

INVITATION

L'évangile raconte l'appel de Jésus à Nathanaël. Et moi, à quel appel de Jésus ai-je répondu ? À quels moments ai-je senti son amour posé sur moi ?

COMMENTAIRE

Bouche à oreille Jean 1, 45-51

Jean nous montre comment se répand la Bonne Nouvelle. Le témoignage se fait de personne à personne : du Baptiste à André, d'André à Simon, de Simon à Philippe et, ici, de Philippe à Nathanaël (Jn 1, 19-51). Cette ardeur missionnaire suppose une véritable rencontre et la conscience de la nouveauté qu'elle engendre. Voilà qui peut faire grandir notre désir d'approfondir notre relation à Dieu dans la prière, pour être à même de « rendre compte de l'espérance qui nous fait vivre » (cf. 1 P 3, 15). ■

***Emmanuelle Billoteau**, ermite*

VENDREDI 25 AOÛT 2023

20E SEMAINE DU TEMPS ORDINAIRE COULEUR LITURGIQUE : VERT

Temps ordinaire, *suggestion d'oraisons et d'antiennes n° 5*
ou **saint Joseph de Calasanz**
ou **saint Louis de France,** *voir p. 183*

Antienne d'ouverture

Venez, adorons Dieu, prosternons-nous devant le Seigneur qui nous a faits, car il est notre Dieu. (cf. Ps 94, 6-7)

Prière

Dans ton inlassable tendresse, nous t'en prions, Seigneur, veille sur ta famille : elle s'appuie sur la grâce du ciel, son unique espérance ; qu'elle soit toujours assurée de ta protection. Par Jésus… ***— Amen.***

Lecture

du livre de Ruth (1, 1.3-6.14b-16.22)

« Noémi revint avec sa belle-fille, Ruth la Moabite. Elles arrivèrent à Bethléem »

À l'époque où gouvernaient les Juges, il y eut une famine dans le pays. Un homme de Bethléem* de Juda émigra avec sa femme et ses deux fils pour s'établir dans la région appelée Champs-de-Moab. Élimélek, le mari de Noémi, mourut, et Noémi resta seule avec ses deux fils, Mahlone et Kilyone. Ceux-ci épousèrent deux Moabites ; l'une s'appelait Orpa (c'est-à-dire : Volte-face) et l'autre, Ruth (c'est-à-dire : Compagne). Ils demeurèrent là une dizaine d'années. Mahlone et Kilyone moururent à leur tour, et Noémi resta privée de ses deux fils et de son mari. Alors, avec ses belles-filles, elle se

prépara à quitter les Champs-de-Moab et à retourner chez elle, car elle avait appris que le Seigneur avait visité son peuple et lui donnait du pain. En cours de route, Orpa embrassa sa belle-mère et la quitta, mais Ruth restait attachée à ses pas. Noémi lui dit : « Tu vois, ta belle-sœur est retournée vers son peuple et vers ses dieux. Retourne, toi aussi, comme ta belle-sœur. » Ruth lui répondit : « Ne me force pas à t'abandonner et à m'éloigner de toi, car où tu iras, j'irai ; où tu t'arrêteras, je m'arrêterai ; ton peuple sera mon peuple, et ton Dieu sera mon Dieu. » Noémi revint donc des Champs-de-Moab avec sa belle-fille, Ruth la Moabite. Elles arrivèrent à Bethléem au début de la moisson de l'orge.

– Parole du Seigneur.

Psaume 145 (146)

℟ ***Chante, ô mon âme, la louange du Seigneur !***
OU ***Alléluia !***

Heureux qui s'appuie sur le Dieu de Jacob,
qui met son espoir dans le Seigneur son Dieu,
lui qui a fait le ciel et la terre
et la mer et tout ce qu'ils renferment ! ℟

Il garde à jamais sa fidélité,
il fait justice aux opprimés,
aux affamés, il donne le pain ;
le Seigneur délie les enchaînés. ℟

Le Seigneur ouvre les yeux des aveugles,
le Seigneur redresse les accablés,
le Seigneur aime les justes,
le Seigneur protège l'étranger. ℟

Il soutient la veuve et l'orphelin,
il égare les pas du méchant.
D'âge en âge, le Seigneur régnera :
ton Dieu, ô Sion, pour toujours ! ℟

Acclamation de l'Évangile

Alléluia. Alléluia. Fais-moi connaître ta route, mon Dieu ; dirige-moi par ta vérité. ***Alléluia.***

Évangile de Jésus Christ

selon saint Matthieu (22, 34-40)

« Tu aimeras le Seigneur ton Dieu de tout ton cœur,
et ton prochain comme toi-même »

En ce temps-là, les pharisiens, apprenant que Jésus avait fermé la bouche aux sadducéens, se réunirent, et l'un d'entre eux, un docteur de la Loi, posa une question à Jésus pour le mettre à l'épreuve : « Maître, dans la Loi, quel est le grand commandement ? » Jésus lui répondit : « *Tu aimeras le Seigneur ton Dieu de tout ton cœur, de toute ton âme et de tout ton esprit.* Voilà le grand, le premier commandement. Et le second lui est semblable : *Tu aimeras ton prochain comme toi-même.* De ces deux commandements dépend toute la Loi, ainsi que les Prophètes. »

Prière sur les offrandes

Seigneur notre Dieu, tu as choisi dans ta création ces aliments qui soutiennent notre fragilité ; nous t'en prions : fais qu'ils deviennent aussi pour nous le sacrement de la vie éternelle. Par le Christ, notre Seigneur. ***— Amen.***

Antienne de la communion

Qu'ils rendent grâce au Seigneur
pour sa miséricorde, pour
ses merveilles envers les hommes :
car il rassasie l'âme épuisée,
il comble de biens celle qui a faim !
(cf. Ps 106, 8-9)

OU

Heureux ceux qui pleurent,
car ils seront consolés.
Heureux ceux qui ont faim et soif
de la justice, car ils seront rassasiés.
(Mt 5, 4.6)

Prière après la communion

Tu as voulu, Seigneur Dieu, que nous ayons part au même pain et à la même coupe ; nous t'en prions : puisque nous sommes devenus un dans le Christ, que notre manière de vivre nous donne la joie de porter du fruit pour le salut du monde. Par le Christ, notre Seigneur. — ***Amen.***

INVITATION

Je peux souhaiter une bonne fête aux Louis de mon entourage.

COMMENTAIRE

Un bon rapport

Ruth 1, 1.3-6.14b-16.22

La brièveté du livre de Ruth nous incite à le lire en continu. Celle qui lui a donné son nom, et est citée dans la généalogie de Jésus (Mt 1, 5), nous enseigne : conversion au Dieu d'Israël et abandon d'un pays idolâtre, dévouement à l'égard de sa belle-mère et accomplissement de la loi du lévirat, confiance éperdue en Dieu. Ruth sait « glaner » ce que le Seigneur lui octroie au jour le jour, tirer le meilleur du quotidien, aussi âpre soit-il. De quoi nous interroger sur notre propre rapport à la vie. ■

***Emmanuelle Billoteau**, ermite*

❊ CLÉ DE LECTURE

« Bethléem »

Ruth 1, 1 *(p. 178)*

Ruth la Moabite ou la belle histoire d'une femme étrangère, d'un peuple souvent honni, qui, par fidélité à sa belle-mère Noémi, adopte la foi d'Israël et revient avec elle pour lui donner une descendance : elle sera une aïeule de Jésus ! Mais c'est aussi, on l'oublie trop, une histoire de subsistance, de famine et de moissons. Poussés par la famine, Noémi et son mari ont quitté « Beth-léhem », la « ville du pain », et sont venus s'installer en Moab, où leurs fils se sont mariés. Le peuple ennemi a su accueillir les immigrés d'Israël ! Lorsque revient la prospérité, et que Noémi, ayant perdu mari et fils, rentre à Bethléem, Ruth l'accompagne : elle sera alors celle qui glane dans les champs et, au fil des moissons, assure à Noémi prospérité et fécondité. ■

***Roselyne Dupont-Roc**, bibliste*

Saint Louis de France (Mémoire en France)

Couleur liturgique : blanc

1214-1270. De son vivant déjà, le fils de Blanche de Castille était réputé pour sa piété, son sens de la justice et son souci des pauvres. Il est le seul roi de France à avoir été canonisé.

Antienne d'ouverture

Grâce à ton amour, j'accède
à ta maison, Seigneur ;
vers ton temple saint,
je me prosterne, et je rends
grâce à ton nom. (Ps 5, 8 ; 137, 2)

Prière

Seigneur Dieu, tu as appelé saint Louis de la charge d'un règne terrestre à la gloire du royaume des Cieux ; accorde-nous, à son intercession, de rechercher ton royaume éternel tout en accomplissant nos tâches temporelles. Par Jésus… — ***Amen.***

Prière sur les offrandes

Seigneur Dieu, tu as rendu saint Louis admirable sur la terre et tu l'as glorifié dans le ciel ; fais que nous brûlions comme lui de ton amour quand nous prenons place autour de l'autel pour t'offrir le sacrifice rédempteur. Par le Christ, notre Seigneur. — ***Amen.***

Antienne de la communion

Heureux qui pense au pauvre
et au faible : le Seigneur le sauve
au jour du malheur.
(Ps 40, 2)

Prière après la communion

Dieu très bon, tu as donné à saint Louis un amour exemplaire pour les pauvres ; fais que, rénovés à la table eucharistique, nous sachions, comme lui, reconnaître et servir le Christ dans les plus déshérités de nos frères. Par le Christ, notre Seigneur.
— ***Amen.***

SAMEDI 26 AOÛT 2023

20E SEMAINE DU TEMPS ORDINAIRE COULEUR LITURGIQUE : VERT

Temps ordinaire, *suggestion d'oraisons et d'antiennes n° 6*
ou **bienheureuse Vierge Marie,** *voir p. 141*
ou, en France, **saint Césaire d'Arles,** *voir p. 189*

Antienne d'ouverture
Sois pour moi le Dieu qui protège,
un lieu de refuge pour me sauver.
Car tu es mon appui et mon refuge :
à cause de ton nom, tu seras
mon guide et tu me nourriras.
(cf. Ps 30, 3-4)

Prière
Seigneur Dieu, tu as promis d'habiter les cœurs droits et sincères ; donne-nous, par ta grâce, de vivre de telle manière que tu puisses faire en nous ta demeure. Par Jésus… — ***Amen.***

Lecture

du livre de Ruth (2, 1-3.8-11 ; 4, 13-17)

« Noémi, le Seigneur ne t'a pas laissée sans quelqu'un pour te racheter ! Ruth enfanta un fils. Ce fut le père de Jessé, qui fut le père de David »

Noémi avait un parent du côté de son mari Élimélek ; c'était un riche propriétaire du même clan ; il s'appelait Booz. Ruth la Moabite dit à Noémi : « Laisse-moi aller glaner dans les champs, derrière celui

aux yeux de qui je trouverai grâce. » Elle lui répondit : « Va, ma fille. » Ruth partit donc glaner dans les champs derrière les moissonneurs. Elle se trouva par bonheur dans la parcelle d'un champ appartenant à Booz, du clan d'Élimélek.

Booz dit à Ruth : « Tu m'entends bien, n'est-ce pas, ma fille ? Ne va pas glaner dans un autre champ. Ne t'éloigne pas de celui-ci, mais attache-toi aux pas de mes servantes. Regarde dans quel champ on moissonne, et suis-les. N'ai-je pas interdit aux serviteurs de te molester ? Si tu as soif, va boire aux cruches ce que les serviteurs auront puisé. » Alors Ruth se prosterna face contre terre et lui dit : « Pourquoi ai-je trouvé grâce à tes yeux, pourquoi t'intéresser à moi, moi qui suis une étrangère ? » Booz lui répondit : « On m'a dit et répété tout ce que tu as fait pour ta belle-mère après la mort de ton mari, comment tu as quitté ton père, ta mère et le pays de ta parenté, pour te rendre chez un peuple que tu n'avais jamais connu de ta vie. »

Booz prit Ruth comme épouse, elle devint sa femme et il s'unit à elle. Le Seigneur lui accorda de concevoir, et elle enfanta un fils. Les femmes de Bethléem dirent à Noémi : « Béni soit le Seigneur qui aujourd'hui ne t'a pas laissée sans quelqu'un pour te racheter ! Que son nom soit célébré en Israël ! Cet enfant te fera revivre, il sera l'appui de ta vieillesse : il est né de ta belle-fille qui t'aime, et qui vaut mieux pour toi que sept fils. » Noémi prit l'enfant, le mit sur son sein, et se chargea de l'élever. Les voisines lui donnèrent son nom. Elles disaient : « Il est né un fils à Noémi. » Et elles le nommèrent Obed. Ce fut le père de Jessé, qui fut le père de David.

– Parole du Seigneur.

Psaume 127 (128)

℟ ***Voilà comment sera béni l'homme qui craint le Seigneur.***

Heureux qui craint le Seigneur
et marche selon ses voies !
Tu te nourriras du travail de tes mains :
Heureux es-tu ! À toi, le bonheur ! ℟

Ta femme sera dans ta maison
comme une vigne généreuse,
et tes fils, autour de la table,
comme des plants d'olivier. ℟

Voilà comment sera béni
l'homme qui craint le Seigneur.
De Sion, que le Seigneur te bénisse !
Tu verras le bonheur de Jérusalem
tous les jours de ta vie. ℟

Acclamation de l'Évangile

Alléluia. Alléluia. Vous n'avez qu'un seul Père, celui qui est aux cieux ; vous n'avez qu'un seul maître, le Christ. ***Alléluia.***

Évangile de Jésus Christ

selon saint Matthieu (23, 1-12)

« Ils disent et ne font pas »

En ce temps-là, Jésus s'adressa aux foules et à ses disciples, et il déclara : « Les scribes et les pharisiens enseignent dans la chaire de Moïse. Donc, tout ce qu'ils peuvent vous dire, faites-le et observez-le. Mais n'agissez pas d'après leurs actes, car ils disent et ne font pas. Ils

attachent de pesants fardeaux, difficiles à porter, et ils en chargent les épaules des gens; mais eux-mêmes ne veulent pas les remuer du doigt. Toutes leurs actions, ils les font pour être remarqués des gens : ils élargissent leurs phylactères et rallongent leurs franges; ils aiment les places d'honneur dans les dîners, les sièges d'honneur dans les synagogues et les salutations sur les places publiques; ils aiment recevoir des gens le titre de Rabbi. Pour vous, ne vous faites pas donner le titre de Rabbi, car vous n'avez qu'un seul maître pour vous enseigner, et vous êtes tous frères. Ne donnez à personne sur terre le nom de père, car vous n'avez qu'un seul Père, celui qui est aux cieux. Ne vous faites pas non plus donner le titre de maîtres, car vous n'avez qu'un seul maître, le Christ. Le plus grand parmi vous sera votre serviteur.
« Qui s'élèvera sera abaissé, qui s'abaissera sera élevé. »

Prière sur les offrandes

Que cette offrande, nous t'en prions, Seigneur, nous purifie et nous renouvelle; qu'elle devienne pour ceux qui accomplissent ta volonté la cause de la récompense éternelle. Par le Christ, notre Seigneur. **— *Amen.***

Antienne de la communion

Ils mangèrent, ils furent rassasiés,
Dieu comblait leur désir, leur attente
ne fut pas trompée. (Ps 77, 29-30)
OU

Dieu a tant aimé le monde
qu'il a donné son Fils unique :
ainsi, celui qui croit en lui
ne périra pas, mais il obtiendra
la vie éternelle. (Jn 3, 16)

Prière après la communion

Tu nous as fait goûter, Seigneur, aux joies du ciel, et nous te prions : donne-nous de toujours désirer ce qui nous fait vivre en vérité. Par le Christ, notre Seigneur. — ***Amen.***

INVITATION

Et si, avant la rentrée paroissiale, j'invitais le curé de ma paroisse à dîner ?

COMMENTAIRE

Un autre temps

Ruth 2, 1-3.8-11 ; 4, 13-17

Le livre de Ruth nous donne à contempler Dieu qui n'abandonne pas son peuple puisqu'il accorde une descendance à un clan menacé d'extinction, et cela grâce à une étrangère qui donnera naissance au grand-père du roi David. Il suscite notre méditation sur les fruits de la patience confiante de Ruth qui accepta d'épouser un temps qui n'était pas le sien, mais celui de Dieu. Et cela, sans vouloir rien forcer. Ce qui nous invite à implorer ces dons de l'Esprit que sont la sagesse et le discernement. ■

Emmanuelle Billoteau, *ermite*

Saint Césaire d'Arles *(En France)*

Couleur liturgique : blanc

VIe siècle. Moine de Lérins, puis évêque d'Arles pendant quarante ans, Césaire fut à la fois un grand homme de gouvernement et un excellent pasteur d'âmes.

Antienne d'ouverture

Je m'occuperai de mes brebis,
je veillerai sur elles, dit le Seigneur,
je susciterai à leur tête un seul berger.
Moi, le Seigneur, je serai leur Dieu.
(cf. Ez 34, 11. 23-24)

Prière

Tu as donné, Seigneur, au bienheureux Césaire d'Arles une grande aptitude pour enseigner au peuple ta parole ; daigne ouvrir nos cœurs au message qu'il nous a transmis avec fidélité et conviction. Par Jésus… — ***Amen.***

Prière sur les offrandes

En cette fête de saint Césaire d'Arles, Seigneur, nous t'en prions, regarde avec bonté les offrandes que nous déposons sur l'autel qui t'est consacré ; en nous procurant ton pardon, qu'elles servent à la gloire de ton nom. Par le Christ, notre Seigneur. — ***Amen.***

Antienne de la communion

Ce n'est pas vous qui m'avez choisi,
dit le Seigneur, c'est moi
qui vous ai choisis et établis, afin
que vous alliez, que vous portiez
du fruit, et que votre fruit demeure.
(cf. Jn 15, 16)

Prière après la communion

Déjà rénovés par ces mystères très saints, nous te supplions humblement, Seigneur : puissions-nous, en prenant exemple sur saint Césaire d'Arles, professer ce qu'il a cru et pratiquer ce qu'il a enseigné. Par le Christ, notre Seigneur. — ***Amen.***

DIMANCHE 27 AOÛT 2023

21E DIMANCHE DU TEMPS ORDINAIRE

ANNÉE A – COULEUR LITURGIQUE : VERT

« Tu es Pierre, et sur cette pierre je bâtirai mon Église. » Matthieu 16, 18

« Tu es le Christ, le Fils du Dieu vivant ! » À ses disciples, Jésus demande aujourd'hui : « Pour vous, qui suis-je ? » Et pour nous ? Qui est Jésus le Seigneur ? Un homme extraordinaire ? Un prophète parmi d'autres ? Ou reconnaissons-en lui le Sauveur, le Christ, Dieu fait homme ? Aujourd'hui, ne nous dérobons pas à la question de Jésus, laissons-la façonner notre foi toujours en chemin.

RITES INITIAUX

Chant d'entrée *(Suggestions p. 255)*

OU

Antienne d'ouverture

Incline vers moi ton oreille, Seigneur, exauce-moi.
Sauve, ô mon Dieu, ton serviteur qui espère en toi. Prends pitié de moi, Seigneur, toi que j'appelle tout le jour. (cf. Ps 85, 1-3)

Suggestion de préparation pénitentielle *(ou p. 226)*

Frères et sœurs, en ce jour où nous sommes invités à être riches en vue de Dieu, préparons-nous à célébrer le mystère de l'eucharistie, en reconnaissant que nous avons péché.

Prends pitié de nous, Seigneur, toi qui réponds à nos appels, si haut que tu sois, tu vois le plus humble,

— Nous avons péché contre toi.

Toi qui entends les cris qui montent de nos cœurs, tu fais grandir en nous ta force et ta compassion. Montre-nous ta miséricorde,

— Et donne-nous ton salut.

Que Dieu tout-puissant nous fasse miséricorde ; qu'il nous pardonne nos péchés et nous conduise à la vie éternelle. ***— Amen.***

Ensuite, on chante ou on dit le Kyrie (p. 227).

Gloire à Dieu *(p. 228)*

Prière

Seigneur Dieu, toi qui unis les cœurs des fidèles dans une seule volonté : donne à ton peuple d'aimer ce que tu commandes et de désirer ce que tu promets, pour qu'au milieu des changements de ce monde, nos cœurs s'établissent fermement là où se trouvent les vraies joies. Par Jésus… — ***Amen.***

LITURGIE DE LA PAROLE

Lecture du livre du prophète Isaïe (22, 19-23)

« Je mettrai sur son épaule la clef de la maison de David »

Parole du Seigneur adressé à Shebna le gouverneur : « Je vais te chasser de ton poste, t'expulser de ta place. Et, ce jour-là, j'appellerai mon serviteur, Éliakim, fils d'Helcias. Je le revêtirai de ta tunique, je le ceindrai de ton écharpe, je lui remettrai tes pouvoirs : il sera un père pour les habitants de Jérusalem et pour la maison de Juda. Je mettrai sur son épaule la clef de la maison de David : s'il ouvre, personne ne fermera ; s'il ferme, personne n'ouvrira. Je le planterai comme une cheville dans un endroit solide ; il sera un trône de gloire pour la maison de son père. »

– Parole du Seigneur.

Psaume 137 (138)

℟ *Seigneur, éternel est ton amour : n'arrête pas l'œuvre de tes mains.*

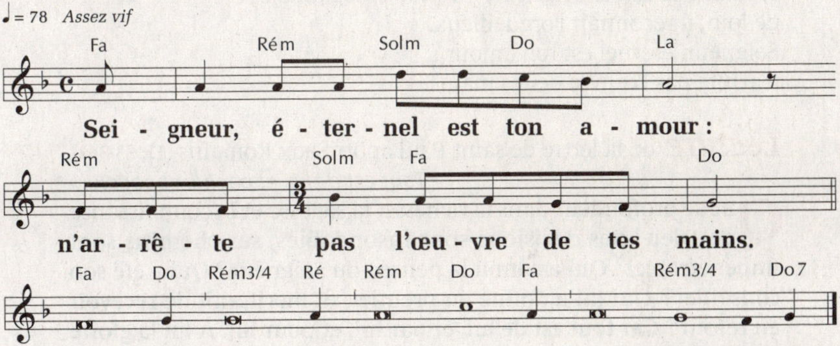

T. : AELF ; M. : J.-P. Lécot ; Éd. : ADF.

De tout mon cœur, Seigneur, je te rends grâce :
tu as entendu les paroles de ma bouche.
Je te chante en présence des anges,
vers ton temple sacré, je me prosterne. ℟

Je rends grâce à ton nom pour ton amour et ta vérité,
car tu élèves, au-dessus de tout, ton nom et ta parole.
Le jour où tu répondis à mon appel,
tu fis grandir en mon âme la force. ℟

℟ ***Seigneur, éternel est ton amour : n'arrête pas l'œuvre de tes mains.***

Si haut que soit le Seigneur, il voit le plus humble ;
de loin, il reconnaît l'orgueilleux.
Seigneur, éternel est ton amour :
n'arrête pas l'œuvre de tes mains. ℟

Lecture de la lettre de saint Paul apôtre aux Romains (11, 33-36)

« Tout est de lui, et par lui, et pour lui »

Quelle profondeur dans la richesse, la sagesse et la connaissance de Dieu ! Ses décisions sont insondables, ses chemins sont impénétrables ! Qui a connu la pensée du Seigneur ? Qui a été son conseiller ? Qui lui a donné en premier, et mériterait de recevoir en retour ? Car tout est de lui, et par lui, et pour lui. À lui la gloire pour l'éternité ! Amen.
– Parole du Seigneur.

Acclamation de l'Évangile

Alléluia. Alléluia. Tu es Pierre, et sur cette pierre je bâtirai mon Église ; et la puissance de la Mort ne l'emportera pas sur elle. ***Alléluia.***

U 76-99; T. : AELF; M. : P. Robert; ADF-Musique.

Évangile de Jésus Christ selon saint Matthieu (16, 13-20)

« Je te donnerai les clés du royaume des Cieux »

En ce temps-là, Jésus, arrivé dans la région de Césarée-de-Philippe, demandait à ses disciples : « Au dire des gens, qui est le Fils de l'homme ? » Ils répondirent : « Pour les uns, Jean le Baptiste ; pour d'autres, Élie ; pour d'autres encore, Jérémie ou l'un des prophètes. » Jésus leur demanda : « Et vous, que dites-vous ? Pour vous, qui suis-je ? » Alors Simon-Pierre prit la parole et dit : « Tu es le Christ, le Fils du Dieu vivant ! » Prenant la parole à son tour, Jésus lui dit : « Heureux es-tu, Simon fils de Yonas : ce n'est pas la chair et le sang qui t'ont révélé cela, mais mon Père qui est aux cieux. Et moi, je te le déclare : Tu es Pierre, et sur cette pierre je bâtirai mon Église ; et la puissance de la Mort ne l'emportera pas sur elle. Je te donnerai les clés du royaume des Cieux : tout ce que tu auras lié sur la terre sera lié dans les cieux, et tout ce que tu auras délié sur la terre sera délié dans les cieux. » Alors, il ordonna aux disciples de ne dire à personne que c'était lui le Christ.

Homélie

Profession de foi *(p. 229)*

Suggestion de prière universelle

Le prêtre :

« Tu es le Christ, le Fils du Dieu vivant ! » Avec foi, tournons-nous vers le Père de Jésus, le Dieu vivant. Prions-le pour tous les habitants de la terre.

℟ ***Par Jésus Christ ton serviteur, nous te prions, Seigneur.***

M. : M. Wackenheim ; Bayard Liturgie.

Le diacre ou un lecteur :

Béni sois-tu, notre Père, pour les décideurs politiques qui prennent la défense des plus petits, des personnes les plus précaires. Qu'ils continuent leur combat en faveur des exclus de la société. Avec espérance, nous te prions. ℟

Béni sois-tu, notre Père, pour les acteurs du tourisme et de pèlerinages, qui nous ont accueillis durant ces deux mois d'été. Qu'ils trouvent eux aussi l'occasion de reprendre des forces. D'un même cœur, nous te prions. ℟

Béni sois-tu, notre Père, pour les catéchistes, les animateurs d'aumônerie, de services et de mouvements d'Église, pour tous ceux qui se préparent à la rentrée spirituelle. Avec confiance, nous te prions. ℟

Béni sois-tu, notre Père, pour les enfants de notre paroisse qui reprennent le chemin de l'école. Que la joie et le courage de s'ouvrir à de nouveaux horizons habitent leurs cœurs. Avec ferveur, nous te prions. ℟

(Ces intentions seront adaptées ou modifiées selon les circonstances.)

Le prêtre :

Dieu notre Père, toi qui prends soin de tous ceux qui se tournent vers toi, viens exaucer toutes nos prières, par le Christ, notre Seigneur.

— Amen.

LITURGIE EUCHARISTIQUE

Prière sur les offrandes

Par l'unique sacrifice, offert une fois pour toutes, tu t'es donné, Seigneur, le peuple que tu as adopté ; en ta bienveillance, accorde-nous la grâce de l'unité et de la paix dans ton Église. Par le Christ, notre Seigneur. — ***Amen.***

Prière eucharistique *(Préface des dimanches, p. 232)*

Chant de communion *(Suggestions p. 255)*

OU

Antienne de la communion

La terre se rassasie du fruit de tes œuvres,
Seigneur, tu fais produire à la terre le pain,
et le vin qui réjouit le cœur de l'homme.
(cf. Ps 103, 13-15)

OU

Qui mange ma chair et boit mon sang
a la vie éternelle, dit le Seigneur ;
et moi, je le ressusciterai au dernier jour.
(Jn 6, 54)

Prière après la communion
Que ta miséricorde agisse en nous, Seigneur, nous t'en prions, et qu'elle nous guérisse entièrement ; par ta bonté, transforme-nous et rends-nous si fervents que nous puissions te plaire en toute chose. Par le Christ, notre Seigneur.
— *Amen.*

RITE DE CONCLUSION

Bénédiction

Envoi

COMMENTAIRE DU DIMANCHE
Vincent Leclercq, prêtre assomptionniste

Le « petit nom » de Simon

Pourquoi aller si loin ? Césarée-de-Philippe est une ville excentrée, peuplée de Grecs et de Syriens et… païenne. Un bon endroit, finalement, pour s'interroger sur Jésus. Aux réponses habituelles – Jean le Baptiste ou Élie – Matthieu ajoute Jérémie qui a prophétisé la ruine de Jérusalem. Mais Jésus n'est pas un de ces prophètes sur le retour.
« Tu es le Fils de Dieu. l'Envoyé du Père qui nous donnera la vie éternelle. » Simon n'énonce pas le résultat d'un sondage. Il a parlé en son nom propre. Mais sa foi ne vient pas de lui. Elle est une grâce de l'Esprit Saint. La véritable identité de Jésus constitue une révélation nouvelle que le disciple accueille dans l'humilité et en dehors de sa zone de confort.

La confession de Simon fait également l'objet d'une promesse. Jésus lui donne un nouveau nom pour lui dire sa confiance et lui confier une mission. Il sera le roc sur lequel il bâtira son « Église ». Jusqu'à présent, Matthieu n'avait jamais employé ce terme qui, après Jésus, désignera la communauté qui se rassemble au nom du Christ. Certes, l'Église n'est pas encore le Royaume. Ce sera précisément le rôle de Pierre de discerner ce qui appartient à l'Évangile et ce qui contredit l'enseignement de Jésus. Mais pour l'instant, le silence est de règle pour que chacun puisse accueillir le mystère de l'Incarnation et mieux comprendre qui est Jésus.

Jésus s'appuie sur Simon pour fonder son Église.
Notre foi est-elle assez solide ? Sommes-nous suffisamment fidèles à son Évangile ?

Jésus a appelé Simon « Pierre ». Quel est le « petit nom » qu'il me donne, celui qui me révèle son amour pour moi et ce que je dois devenir pour lui ? ■

PrionsenEglise junior

LIRE L'ÉVANGILE AVEC LES ENFANTS

CE QUE JE DÉCOUVRE

Les gens racontent des dizaines d'histoires différentes à propos de Jésus. Alors, il s'assure que ses disciples le connaissent vraiment. Il leur demande : « Pour vous, qui suis-je ? » Inspiré par Dieu, Simon a compris qui est Jésus : **« Tu es le Christ, le Fils du Dieu vivant ! »** Simon reçoit alors le nom de Pierre. **Une pierre, c'est solide et ça dure dans le temps.** C'est important, car Simon-Pierre aura la responsabilité de garder fidèlement le message de Jésus et de veiller sur l'Église. Aujourd'hui, le pape, son successeur, continue cette mission.

CE QUE JE VIS

Que répondrais-tu à un ami qui te demande qui est Jésus ? Pierre est le tout premier pape. Comment s'appelle le pape actuel ? Où est-il né ?

Prie pour l'Église, pour le pape et pour les prêtres que tu connais.

Texte : Cédric Kuntz. Illustrations : Marcelino Truong

MÉDITATION BIBLIQUE
21E DIMANCHE DU TEMPS ORDINAIRE
Évangile selon saint Matthieu 16, 13-20

Une question primordiale

Le bref échange entre Pierre et Jésus montre que c'est la confrontation au regard de l'autre qui valide ce que l'on pressent de soi-même.

Le temps de la préparation

« Si haut que soit le Seigneur, il voit le plus humble ; de loin, il reconnaît l'orgueilleux. » (Ps 137, 6)

Le temps de l'observation

Dans la Bible, la confirmation ou l'éclairage sur ce que l'on pressent de soi-même vient de la confrontation au regard de l'autre. Comme pour Marie lors de la Visitation, comme la Samaritaine dans sa conversation avec Jésus, la rencontre vient conclure ou préciser ce qui était en construction ou en germe. Jésus ne fait pas exception. Il pose la question à ses disciples : « Pour vous, qui suis-je ? » À cette interrogation directe et sans détour, Pierre répond : « Tu es le Christ, le Fils du Dieu vivant ! » Le dialogue se réduit à quelques mots. Pourtant, •••

… dans ce bref échange, Pierre témoigne que seule une relation qui prend sa source dans le Dieu vivant peut générer ce qu'il constate chez la personne qu'il a en face de lui. À son tour, Jésus témoigne que la réponse faite par Pierre le dépasse. Seule une relation intime au même Dieu vivant peut générer un tel témoignage, une telle perception de la réalité.

Le temps de la méditation

L'échange entre Jésus et Pierre aboutira à lui confier les clés du royaume des Cieux. Pierre ne devient pas roi pour autant. Comme Jésus le lui dit, c'est sa capacité à être connecté au Dieu vivant qui lui donne d'hériter de cette fonction. Les clés ne sont donc pas disjointes d'une capacité à entendre, à vivre et à se ressourcer du Père, unique autorité. Jésus donne vie à une Église où tous sont appelés à se recevoir les uns des autres, chacun à être confirmé dans son chemin propre par les rencontres. La communauté et le rôle particulier qu'y joue Pierre n'ont de sens que dans un questionnement, un doute, une recherche formulée devant le regard bienveillant de l'autre. Avant d'être bâti sur de la pierre, l'Église est bâtie sur un échange toujours risqué, une mise en danger de soi. « Pour vous, qui suis-je ? » est une question délicate et dangereuse, mais qui garantit que personne ne peut se donner à lui-même un titre ou une identité puis croire la posséder.

Le temps de la prière

« Le Seigneur fait tout pour moi !
Seigneur, éternel est ton amour :
n'arrête pas l'œuvre
de tes mains. » (Ps 137, 8) ■

Marie-Laure Durand, bibliste

LE SAINT DU MOIS

30 AOÛT : BIENHEUREUX ESTEPHAN NEHMÉ (1889-1938)

Sous le regard de Dieu

Trois mots ont guidé et façonné la vie du religieux maronite libanais Estephan Nehmé (béatifié en 2010). Ces trois mots – « Dieu me voit » – l'ont conduit jusqu'à la sainteté. Dernier-né d'une famille pieuse du nord du Liban, il avait pris conscience, dès l'enfance, du regard d'amour que le Seigneur portait sur lui. Puisque Dieu le voyait et l'entourait de sa tendresse, que pouvait-il faire d'autre que se mettre à son service ? À 16 ans, en 1905, il entra donc au monastère Saint-Cyprien-et-Sainte-Justine de Kfifane. Deux ans plus tard, il prononçait ses vœux monastiques. Durant les trois décennies qui suivirent, frère Estephan séjourna dans divers monastères de l'ordre •••

© Gaëtan Evrard

••• libanais maronite (principalement à Mayfouk, Jbeil et Kfifane). Partout, il s'efforça de conjuguer prière et travail. Doté d'une solide constitution, il était généralement chargé des travaux de menuiserie, de maçonnerie, et plus encore des travaux des champs. Avec les ouvriers agricoles qui l'assistaient, il faisait preuve de bonté, de sagesse et d'un grand esprit de justice. Comment aurait-il pu agir autrement, puisque Dieu le juste, Dieu le sage, Dieu le bon le voyait ? Pendant la Première Guerre mondiale, le Liban subit une terrible famine. Le robuste frère Estephan donnait souvent son propre repas aux affamés : « Dieu me voit et serait attristé si je ne faisais pas preuve de charité », devait-il penser. À l'été 1938, un conflit opposa les responsables du couvent de Mayfouk aux habitants du village et on demanda au frère Estephan de se rendre sur place. Sous le regard approbateur du Seigneur, il parvint à apaiser les tensions. Mais, en ce mois d'août, la chaleur était accablante et, sur le chemin de retour à Kfifane, frère Estephan attrapa une forte insolation. Il en mourut quelques jours plus tard, le 30 août 1938 à l'âge de 49 ans, et put alors voir, à son tour, le visage de Dieu qui l'avait tant regardé. ■

Xavier Lecœur, journaliste et historien

UN SAINT POUR AUJOURD'HUI

« Dieu me voit. » La devise, simple et profonde, du bienheureux Estephan Nehmé se révèle très utile pour notre vie chrétienne. Elle peut servir de bouclier contre les tentations, mais aussi de stimulant pour nous encourager à accomplir des actes qui plaisent au Seigneur.

LUNDI 28 AOÛT 2023

21E SEMAINE DU TEMPS ORDINAIRE COULEUR LITURGIQUE : BLANC

Saint Augustin d'Hippone

354-430. Converti à Milan en 387, évêque d'Hippone en 396, l'auteur des Confessions *et de* La Cité de Dieu *a exercé une influence majeure sur la théologie chrétienne.*

Antienne d'ouverture

Dans son Église, le Seigneur lui a donné
la parole ; il l'a rempli de l'esprit
de sagesse et d'intelligence,
et l'a revêtu de gloire. (cf. Si 15, 5)

Prière

Renouvelle, Seigneur, dans ton Église, l'esprit dont tu as comblé le bienheureux évêque Augustin, pour que, remplis de ce même esprit, nous n'ayons soif que de toi, source de la vraie sagesse, et ne cherchions que toi, auteur de l'éternel amour. Par Jésus… ***— Amen.***

Lecture

de la première lettre de saint Paul apôtre aux Thessaloniciens (1, 1-5.8b-10)

« Vous vous êtes convertis à Dieu en vous détournant des idoles, afin d'attendre des cieux son Fils qu'il a ressuscité »

Paul, Silvain et Timothée, à l'Église de Thessalonique qui est en Dieu le Père et dans le Seigneur Jésus Christ. À vous, la grâce et la paix.

À tout moment, nous rendons grâce à Dieu au sujet de vous tous, en faisant mémoire de vous dans nos prières. Sans cesse, nous nous souvenons que

votre foi est active, que votre charité se donne de la peine, que votre espérance tient bon en notre Seigneur Jésus Christ, en présence de Dieu notre Père. Nous le savons, frères bien-aimés de Dieu, vous avez été choisis par lui. En effet, notre annonce de l'Évangile n'a pas été, chez vous, simple parole, mais puissance, action de l'Esprit Saint, pleine certitude : vous savez comment nous nous sommes comportés chez vous pour votre bien. La nouvelle de votre foi en Dieu s'est si bien répandue partout que nous n'avons pas besoin d'en parler*. En effet, les gens racontent, à notre sujet, l'accueil que nous avons reçu chez vous ; ils disent comment vous vous êtes convertis à Dieu en vous détournant des idoles, afin de servir le Dieu vivant et véritable, et afin d'attendre des cieux son Fils qu'il a ressuscité d'entre les morts, Jésus, qui nous délivre de la colère qui vient. – Parole du Seigneur.

Psaume 149

℟ ***Le Seigneur aime son peuple !***
OU ***Alléluia !***

Chantez au Seigneur un chant nouveau,
louez-le dans l'assemblée de ses fidèles !
En Israël, joie pour son créateur ;
dans Sion, allégresse pour son Roi ! ℟

Dansez à la louange de son nom,
jouez pour lui, tambourins et cithares !
Car le Seigneur aime son peuple,
il donne aux humbles l'éclat de la victoire. ℟

Que les fidèles exultent, glorieux,
criant leur joie à l'heure du triomphe.
Qu'ils proclament les éloges de Dieu :
c'est la fierté de ses fidèles. ℟

Acclamation de l'Évangile

Alléluia. Alléluia. Mes brebis écoutent ma voix, dit le Seigneur ; moi, je les connais, et elles me suivent. ***Alléluia.***

Évangile de Jésus Christ

selon saint Matthieu (23, 13-22)

« Malheureux êtes-vous, guides aveugles »

En ce temps-là, Jésus disait : « Malheureux êtes-vous, scribes et pharisiens hypocrites, parce que vous fermez à clé le royaume des Cieux devant les hommes ; vous-mêmes, en effet, n'y entrez pas, et vous ne laissez pas entrer ceux qui veulent entrer ! Malheureux êtes-vous, scribes et pharisiens hypocrites, parce que vous parcourez la mer et la terre pour faire un seul converti, et quand c'est arrivé, vous faites de lui un homme voué à la géhenne, deux fois pire que vous !

« Malheureux êtes-vous, guides aveugles, vous qui dites : "Si l'on fait un serment par le Sanctuaire, il est nul ; mais si l'on fait un serment par l'or du Sanctuaire, on doit s'en acquitter." Insensés et aveugles ! Qu'est-ce qui est le plus important : l'or ? ou bien le Sanctuaire qui consacre cet or ? Vous dites encore : "Si l'on fait un serment par l'autel, il est nul ; mais si l'on fait un serment par l'offrande posée sur l'autel, on doit s'en acquitter." Aveugles ! Qu'est-ce qui est le plus important : l'offrande ? ou bien l'autel qui consacre cette offrande ? Celui donc qui fait un serment par l'autel fait un serment par l'autel et par tout ce qui est posé dessus ; celui qui fait un serment par le Sanctuaire fait un serment par le Sanctuaire et

par Celui qui l'habite ; et celui qui fait un serment par le ciel fait un serment par le trône de Dieu et par Celui qui siège sur ce trône. »

Prière sur les offrandes

En célébrant le mémorial de notre salut, nous implorons humblement ta bonté, Seigneur : que ce sacrement offert avec amour devienne pour nous le signe de l'unité et le lien de la charité. Par le Christ, notre Seigneur. ***— Amen.***

Antienne de la communion

Vous n'avez qu'un seul Maître,
le Christ ; vous êtes tous frères,
dit le Seigneur.
(Mt 23, 10.8)

Prière après la communion

Que la participation à la table du Christ nous sanctifie, Seigneur, afin que, membres de son corps, nous devenions ce que nous avons reçu. Par le Christ, notre Seigneur.
— Amen.

INVITATION

« Avance sur ta route, car elle n'existe que par ta marche. » Et si j'écrivais cette citation de saint Augustin sur une carte que je déposerai dans mon coin prière ? Elle m'accompagnera toute l'année.

COMMENTAIRE

Malheureux ceux qui savent Matthieu 23, 13-22

Les invectives de l'évangile de ce jour reflètent sans doute davantage l'affrontement frontal entre la communauté matthéenne et la synagogue après les guerres juives que la situation à l'époque de Jésus. Elles contiennent toutefois une mise en garde salutaire contre un usage dévoyé du religieux où « ceux qui savent » font perdre de vue l'essentiel à force de jurisprudences et d'arguments subtils. ■

Jean-Marc Liautaud, *Fondacio*

✲ CLÉ DE LECTURE

« D'en parler » 1 Thessaloniciens 1, 8b *(p. 208)*

Le verbe grec utilisé ici va devenir technique dans le langage chrétien pour désigner l'annonce de l'Évangile, la Bonne Nouvelle du Christ ressuscité. Nous lisons le tout premier écrit chrétien – la lettre doit dater de quelque 20 ans après la mort et la résurrection de Jésus, et déjà Paul renoncerait à annoncer l'Évangile ! Le lecteur peut sourire, Paul ne s'est pas arrêté et a fondé bien d'autres petites Églises en Grèce et en Asie Mineure. Mais ce qui le réjouit ici à l'excès, c'est le constat que la mission n'est pas réservée aux apôtres itinérants. Des chrétiens sédentaires, un petit groupe, vivent à Thessalonique un tel amour mutuel, une telle foi, une telle espérance que la rumeur s'en répand au loin : comme lui, ils annoncent l'Évangile ! ■

Roselyne Dupont-Roc, *bibliste*

MARDI 29 AOÛT 2023

COULEUR LITURGIQUE : ROUGE

Martyre de saint Jean Baptiste

Le prophète Jean proposait une conversion radicale : idéal de justice, de partage, de rectitude morale. Il paya de sa vie ses remontrances aux puissants.

Antienne d'ouverture

Devant les rois, j'ai parlé de tes exigences
et je n'ai pas été humilié. Je trouve mon plaisir
en tes volontés, oui, vraiment, je les aime.

(cf. Ps 118, 46-47)

Prière

Tu as voulu, Seigneur Dieu, que le bienheureux Jean Baptiste soit le Précurseur de ton Fils dans sa naissance et dans sa mort ; il a donné sa vie pour la justice et la vérité : accorde-nous de savoir, comme lui, lutter avec courage pour confesser ta Parole. Par Jésus… — ***Amen.***

Lectures propres à la mémoire du martyre de saint Jean Baptiste.

Lecture

du livre du prophète Jérémie (1, 17-19)

« Tu leur diras tout ce que je t'ordonnerai : ne tremble pas devant eux »

En ces jours-là, la parole du Seigneur me fut adressée : « Toi, mets ta ceinture autour des reins et lève-toi, tu diras contre mon peuple tout ce que je t'ordonnerai. Ne tremble pas devant eux, sinon c'est moi qui te ferai trembler devant eux. Moi, je fais de toi aujourd'hui une ville fortifiée,

une colonne de fer, un rempart de bronze, pour faire face à tout le pays, aux rois de Juda et à ses princes, à ses prêtres et à tout le peuple du pays. Ils te combattront, mais ils ne pourront rien contre toi, car je suis avec toi pour te délivrer, – oracle du Seigneur. »
– Parole du Seigneur.

Psaume 70 (71)

℟ ***Seigneur, ma bouche annonce ta justice.***

En toi, Seigneur, j'ai mon refuge :
garde-moi d'être humilié pour toujours.
Dans ta justice, défends-moi, libère-moi,
tends l'oreille vers moi, et sauve-moi. ℟

Sois le rocher qui m'accueille,
toujours accessible ;
tu as résolu de me sauver :
ma forteresse et mon roc, c'est toi ! ℟

Seigneur mon Dieu, tu es mon espérance,
mon appui dès ma jeunesse.
Toi, mon soutien dès avant ma naissance,
tu m'as choisi dès le ventre de ma mère. ℟

Ma bouche annonce tout le jour
tes actes de justice et de salut.
Mon Dieu, tu m'as instruit dès ma jeunesse,
jusqu'à présent,
j'ai proclamé tes merveilles. ℟

Acclamation de l'Évangile

Alléluia. Alléluia. Heureux ceux qui sont persécutés pour la justice, car le royaume des Cieux est à eux ! ***Alléluia.***

Évangile de Jésus Christ

selon saint Marc (6, 17-29)

« Je veux que, tout de suite, tu me donnes sur un plat la tête de Jean le Baptiste »

En ce temps-là, Hérode avait donné l'ordre d'arrêter Jean le Baptiste et de l'enchaîner dans la prison, à cause d'Hérodiade, la femme de son frère Philippe, que lui-même avait prise pour épouse. En effet, Jean lui disait : « Tu n'as pas le droit de prendre la femme de ton frère. » Hérodiade en voulait donc à Jean, et elle cherchait à le faire mourir. Mais elle n'y arrivait pas parce que Hérode avait peur de Jean : il savait que c'était un homme juste et saint, et il le protégeait ; quand il l'avait entendu, il était très embarrassé ; cependant il l'écoutait avec plaisir.

Or, une occasion favorable se présenta quand, le jour de son anniversaire, Hérode fit un dîner pour ses dignitaires, pour les chefs de l'armée et pour les notables de la Galilée. La fille d'Hérodiade fit son entrée et dansa. Elle plut à Hérode et à ses convives. Le roi dit à la jeune fille : « Demande-moi ce que tu veux, et je te le donnerai. » Et il lui fit ce serment : « Tout ce que tu me demanderas, je te le donnerai, même si c'est la moitié de mon royaume. » Elle sortit alors pour dire à sa mère : « Qu'est-ce que je vais demander ? » Hérodiade répondit : « La tête de Jean, celui qui baptise. » Aussitôt la jeune fille s'empressa de retourner auprès du roi, et lui fit cette demande : « Je veux que, tout de suite, tu me donnes sur un plat la tête de Jean le Baptiste. » Le roi fut vivement contrarié ; mais à cause du serment et des convives, il ne voulut pas lui opposer un refus. Aussitôt il envoya un garde avec l'ordre d'apporter la tête de Jean. Le garde s'en alla décapiter

Jean dans la prison. Il apporta la tête sur un plat, la donna à la jeune fille, et la jeune fille la donna à sa mère. Ayant appris cela, les disciples de Jean vinrent prendre son corps et le déposèrent dans un tombeau.

Prière sur les offrandes

Par l'offrande que nous te présentons, Seigneur, accorde-nous de marcher sur tes chemins dans la droiture, celle que le bienheureux Jean Baptiste, voix de celui qui crie dans le désert, enseigna et confirma par le témoignage de son sang. Par le Christ, notre Seigneur. ***— Amen.***

Prière eucharistique

(Préface de saint Jean Baptiste)

Vraiment, il est juste et bon, pour ta gloire et notre salut, de t'offrir notre action de grâce, toujours et en tout lieu, Seigneur, Père très saint, Dieu éternel et tout-puissant, par le Christ, notre Seigneur. Nous chantons les merveilles que tu as accomplies pour Jean, le Précurseur de ton Fils; parmi ceux qui sont nés d'une femme, tu l'as consacré, lui faisant l'honneur d'une mission sans égale. Avant même de naître, il tressaillit d'allégresse à l'approche du Sauveur; en venant au monde il apportait une grande joie; il fut, de tous les prophètes, celui qui désigna l'Agneau de la rédemption; dans les eaux qui devaient en être sanctifiées il baptisa l'auteur du baptême; et il rendit au Christ le témoignage suprême, celui de son propre sang. C'est pourquoi, avec les puissances des cieux, nous pouvons te bénir sur la terre et t'adorer sans fin en proclamant : ***Saint ! Saint ! Saint…***

Antienne de la communion
Jean Baptiste disait à ses disciples :
« Lui, il faut qu'il grandisse ;
et moi, que je diminue. »
(Jn 3, 27.30)

Prière après la communion
Nous avons célébré le jour où le bienheureux Jean Baptiste est né au ciel, et nous avons reçu les sacrements du salut : accorde-nous, Seigneur, de contempler en eux les merveilles dont ils sont le signe, et, plus encore, de goûter leur action en nous. Par le Christ, notre Seigneur. — ***Amen.***

INVITATION

Ai-je réussi à honorer mes rendez-vous avec Jésus ce mois-ci ? En ai-je retiré des fruits ? De quoi ai-je besoin dans ma vie spirituelle ?

COMMENTAIRE

Triste triade

Marc 6, 17-29

Marc nous fait méditer sur la « banalité du mal » qui cause tant de désastres. La mort du Baptiste résulte en effet de la combinaison de trois déficiences morales. Celle d'Hérodiade, qui manipule dans l'ombre. Celle de sa fille, immature au point de s'en remettre à sa mère pour savoir quoi désirer. Celle d'Hérode, enfin, esprit divisé qui se laisse prendre à son propre jeu de générosité mal placée. ■

***Jean-Marc Liautaud**, Fondacio*

Temps ordinaire, *suggestion d'oraisons et d'antiennes n° 7*

Antienne d'ouverture

Seigneur, j'ai mis mon espoir en ta miséricorde ;
mon cœur a exulté dans ton salut !
Je chanterai le Seigneur pour le bien qu'il m'a fait.
(cf. Ps 12, 6)

Prière

Dieu tout-puissant, nous t'en prions : accorde-nous de conformer à ta volonté nos paroles et nos actes dans une inlassable recherche des biens spirituels. Par Jésus…
— Amen.

Lecture

de la première lettre de saint Paul apôtre aux Thessaloniciens (2, 9-13)

« En travaillant nuit et jour, nous vous avons annoncé l'Évangile de Dieu »

Vous vous rappelez, frères, nos peines et nos fatigues : c'est en travaillant nuit et jour, pour n'être à la charge d'aucun d'entre vous, que nous vous avons annoncé l'Évangile de Dieu. Vous êtes témoins, et Dieu aussi, de notre attitude si sainte, si juste et irréprochable envers vous, les croyants. Et vous savez bien que nous avons été pour chacun de vous comme un père avec ses enfants : nous vous avons exhortés et

27 - 31

encouragés, nous vous avons suppliés d'avoir une conduite digne de Dieu, lui qui vous appelle à son Royaume et à sa gloire. Et voici pourquoi nous ne cessons de rendre grâce à Dieu : quand vous avez reçu la parole de Dieu que nous vous faisions entendre, vous l'avez accueillie pour ce qu'elle est réellement, non pas une parole d'hommes, mais la parole de Dieu qui est à l'œuvre en vous, les croyants.
– Parole du Seigneur.

Psaume 138 (139)

℟ ***Tu me scrutes, Seigneur, et tu sais !***

Où donc aller, loin de ton souffle ?
Où m'enfuir, loin de ta face ?
Je gravis les cieux : tu es là ;
je descends chez les morts : te voici. ℟

Je prends les ailes de l'aurore
et me pose au-delà des mers :
même là, ta main me conduit,
ta main droite me saisit. ℟

J'avais dit : « Les ténèbres m'écrasent ! »
mais la nuit devient lumière autour de moi.
Même la ténèbre pour toi n'est pas ténèbre,
et la nuit comme le jour est lumière ! ℟

Acclamation de l'Évangile

Alléluia. Alléluia. En celui qui garde la parole du Christ l'amour de Dieu atteint vraiment sa perfection. ***Alléluia.***

Évangile de Jésus Christ

selon saint Matthieu (23, 27-32)

« Vous êtes bien les fils de ceux qui ont assassiné les prophètes »

En ce temps-là, Jésus disait : « Malheureux êtes-vous, scribes et pharisiens hypocrites, parce que vous ressemblez à des sépulcres blanchis à la chaux : à l'extérieur ils ont une belle apparence, mais l'intérieur est rempli d'ossements et de toutes sortes de choses impures. C'est ainsi que vous, à l'extérieur, pour les gens, vous avez l'apparence d'hommes justes, mais à l'intérieur vous êtes pleins d'hypocrisie et de mal.

« Malheureux êtes-vous, scribes et pharisiens hypocrites, parce que vous bâtissez les sépulcres des prophètes, vous décorez les tombeaux des justes, et vous dites : "Si nous avions vécu à l'époque de nos pères, nous n'aurions pas été leurs complices pour verser le sang des prophètes." Ainsi, vous témoignez contre vous-mêmes : vous êtes bien les fils de ceux qui ont assassiné les prophètes. Vous donc, mettez le comble à la mesure de vos pères ! »

Prière sur les offrandes

En célébrant tes mystères, Seigneur, pour te servir comme il convient, nous te supplions humblement : que les dons offerts pour honorer ta gloire nous fassent progresser vers le salut. Par le Christ, notre Seigneur. ***— Amen.***

Antienne de la communion

De tout mon cœur, Seigneur, je rendrai grâce, je dirai tes innombrables merveilles ; pour toi, j'exulterai, je danserai, je fêterai ton nom, Dieu Très-Haut. (Ps 9, 2-3)

OU
Seigneur, je le crois :
tu es le Christ,
le Fils du Dieu vivant,
celui qui vient dans le monde.
(Jn 11, 27)

Prière après la communion

Nous t'en prions, Dieu tout-puissant : donne-nous de recueillir tous les fruits de salut dont ces mystères sont déjà la promesse et le gage. Par le Christ, notre Seigneur. — ***Amen.***

INVITATION

Nous fêtons aujourd'hui saint Estephan Nehmé.
Je peux aller voir p. 205 comment ce saint peut m'inspirer pour aujourd'hui.

COMMENTAIRE

Examen de conscience 1 Thessaloniciens 2, 9-13 ; Matthieu 23, 27-32

Qu'est-ce qui différencie Paul, qui se présente comme un pasteur irréprochable, des pharisiens fustigés par Jésus ? Ce que Jésus leur reproche, c'est de méconnaître leur violence. Convaincus d'être « du bon côté », ils ne voient pas à quel point leurs certitudes les poussent au meurtre. Précisément la prise de conscience que Paul, lui, a faite. Se sachant meurtrier pardonné, il a accédé à la douceur. ■

***Jean-Marc Liautaud**, Fondacio*

JEUDI 31 AOÛT 2023

21E SEMAINE DU TEMPS ORDINAIRE COULEUR LITURGIQUE : VERT

Temps ordinaire, *suggestion d'oraisons et d'antiennes n° 8*

Antienne d'ouverture

Le Seigneur s'est fait mon protecteur,
il m'a dégagé, mis au large,
il m'a libéré, car il m'aime.
(cf. Ps 17, 19-20)

Prière

Nous t'en prions, Seigneur, accorde-nous de vivre dans un monde où les événements se déroulent selon ton dessein de paix, et où ton Église connaisse la joie de te servir dans la sérénité. Par Jésus… — ***Amen.***

Lecture

de la première lettre de saint Paul apôtre aux Thessaloniciens (3, 7-13)

« Que le Seigneur vous donne, entre vous et à l'égard de tous, un amour de plus en plus intense et débordant »

Frères, nous sommes réconfortés grâce à vous au milieu de toutes nos difficultés et de notre détresse, à cause de votre foi. Et maintenant nous revivons, puisque vous autres, vous tenez bon dans le Seigneur. Comment pourrions-nous assez rendre grâce à Dieu à votre sujet, pour toute la joie que nous avons à cause de vous devant notre Dieu ? Nous le prions

avec ardeur, jour et nuit, pour que nous puissions revoir votre visage et compléter ce qui manque à votre foi. Que Dieu lui-même, notre Père, et que notre Seigneur Jésus nous tracent le chemin jusqu'à vous. Que le Seigneur vous donne, entre vous et à l'égard de tous les hommes, un amour de plus en plus intense et débordant, comme celui que nous avons pour vous. Et qu'ainsi il affermisse vos cœurs, les rendant irréprochables en sainteté devant Dieu notre Père, lors de la venue de notre Seigneur Jésus avec tous les saints. Amen.
– Parole du Seigneur.

Psaume 89 (90)

℟ ***Rassasie-nous de ton amour, Seigneur : nous serons dans la joie.***

Tu fais retourner l'h**o**mme à la poussière ;
tu as dit : « Retourn**e**z, fils d'Adam ! »
À tes yeux, mille **a**ns sont comme hier,
c'est un jour qui s'en va,
une he**u**re dans la nuit. ℟

Apprends-nous la vraie mes**u**re
de nos jours :
que nos cœurs pén**è**trent la sagesse.
Reviens, Seigne**u**r, pourquoi tarder ?
Ravise-toi par ég**a**rd pour tes serviteurs. ℟

Rassasie-nous de ton amo**u**r au matin,
que nous passions nos jours
dans la j**o**ie et les chants.
Que vienne sur nous la douceur
du Seigne**u**r notre Dieu !
Consolide pour nous l'ouvr**a**ge
de nos mains. ℟

Acclamation de l'Évangile

Alléluia. Alléluia. Veillez, tenez-vous prêts : c'est à l'heure où vous n'y pensez pas que le Fils de l'homme viendra. ***Alléluia.***

Évangile de Jésus Christ

selon saint Matthieu (24, 42-51)

« Tenez-vous donc prêts »

En ce temps-là, Jésus disait à ses disciples : « Veillez, car vous ne savez pas quel jour votre Seigneur vient. Comprenez-le bien : si le maître de maison avait su à quelle heure de la nuit le voleur viendrait, il aurait veillé et n'aurait pas laissé percer le mur de sa maison. Tenez-vous donc prêts, vous aussi : c'est à l'heure où vous n'y penserez pas que le Fils de l'homme viendra. Que dire du serviteur fidèle et sensé à qui le maître a confié la charge des gens de sa maison, pour leur donner la nourriture en temps voulu ? Heureux ce serviteur que son maître, en arrivant, trouvera en train d'agir ainsi ! Amen, je vous le déclare : il l'établira sur tous ses biens. Mais si ce mauvais serviteur se dit en lui-même : "Mon maître tarde*", et s'il se met à frapper ses compagnons, s'il mange et boit avec les ivrognes, alors quand le maître viendra, le jour où son serviteur ne s'y attend pas et à l'heure qu'il ne connaît pas, il l'écartera et lui fera partager le sort des hypocrites ; là, il y aura des pleurs et des grincements de dents. »

Prière sur les offrandes

Seigneur Dieu, ce qui est offert en l'honneur de ton nom, c'est toi qui le donnes, et tu reconnais dans ces offrandes notre attachement à ton service ; nous implorons ta bonté : que ta largesse, d'où vient notre mérite, contribue à notre récompense éternelle. Par le Christ, notre Seigneur. — ***Amen.***

Antienne de la communion

Je chanterai le Seigneur
pour le bien qu'il m'a fait ; je fêterai
le nom du Seigneur, le Très-Haut.
(cf. Ps 12, 6 ; 9a, 3)

OU

Je suis avec vous tous les jours
jusqu'à la fin du monde,
dit le Seigneur. (Mt 28, 20)

Prière après la communion

Tu nous as rassasiés, Seigneur, par ce don qui nous sauve, et nous implorons ta miséricorde : par ce même sacrement qui nous fortifie en cette vie, rends-nous, dans ta bonté, participants de la vie éternelle. Par le Christ, notre Seigneur.
— ***Amen.***

INVITATION

Les enseignants font leur rentrée demain. Je peux prier pour eux et faire un signe à ceux que je connais.

COMMENTAIRE

Cumul de peines Matthieu 24, 42-51

Deux thèmes se succèdent dans l'évangile de ce jour. D'abord la vigilance, née de l'ignorance : « Veillez, car vous ne savez pas quel jour votre Seigneur vient. » Puis la transitivité : Dieu nous traitera de la manière dont nous avons traité les autres. Sur ces deux aspects, le sort du « mauvais serviteur », condamné à « partager le sort des hypocrites » nous sert d'avertissement : que jamais nous ne nous lassions de notre responsabilité envers autrui. ■ *Jean-Marc Liautaud,* Fondacio

❊ CLÉ DE LECTURE

« Mon maître tarde » Matthieu 24, 48 *(p. 223)*

Vers la fin du premier siècle, un même verbe décrit l'inquiétude naissante : « Le maître tarde, il temporise. » L'image du maître qui tarde à revenir s'est développée dans les groupes chrétiens qui espéraient, après la Résurrection, une venue rapide du Seigneur pour la fin des temps. Plusieurs paraboles le mettent en scène. Le texte le plus tardif du Nouveau Testament, la deuxième lettre de Pierre, s'empare du problème et affronte les moqueries des incrédules : il n'y a rien à attendre, le Seigneur ne viendra pas ! La réponse est ferme, non sans humour : « En réalité le Seigneur patiente car il veut que tous parviennent à la conversion » (cf. 2 P 3, 9). La vigilance requise des disciples est alors appel à la conversion au quotidien et invitation à la persévérance. ■ *Roselyne Dupont-Roc,* bibliste

Liturgie de la messe

RITES INITIAUX

Le chant d'entrée achevé, le prêtre et les fidèles, debout, font le signe de la croix, tandis que le prêtre, tourné vers le peuple, dit :

Au nom du Père, et du Fils, et du Saint-Esprit.

Le peuple répond :

– Amen.

Salutation

La grâce de Jésus, le Christ, notre Seigneur, l'amour de Dieu le Père, et la communion de l'Esprit Saint soient toujours avec vous.

– Et avec votre esprit.

Ou bien : Que la grâce et la paix de Dieu notre Père et du Seigneur Jésus, le Christ, soient toujours avec vous.

– Et avec votre esprit.

Ou bien : Le Seigneur soit avec vous.

– Et avec votre esprit.

Acte pénitentiel

Frères et sœurs, préparons-nous à célébrer le mystère de l'eucharistie, en reconnaissant que nous avons péché.

(1) Je confesse à Dieu tout-puissant, je reconnais devant vous, frères et sœurs, que j'ai péché en pensée, en parole, par action et par omission ; oui, j'ai vraiment péché. C'est pourquoi je supplie la bienheureuse Vierge Marie, les anges et tous les saints, et vous aussi, frères et sœurs, de prier pour moi le Seigneur notre Dieu.

(2) Prends pitié de nous, Seigneur. ***– Nous avons péché contre toi.***
Montre-nous, Seigneur, ta miséricorde. ***– Et donne-nous ton salut.***

(3) Seigneur Jésus, envoyé pour guérir les cœurs qui reviennent vers toi :
Seigneur, prends pitié. ***– Seigneur, prends pitié.***
Ô Christ, venu appeler les pécheurs : ô Christ, prends pitié.
– Ô Christ, prends pitié.
Seigneur, qui sièges à la droite du Père où tu intercèdes pour nous :
Seigneur, prends pitié. ***– Seigneur, prends pitié.***

Que Dieu tout-puissant nous fasse miséricorde ; qu'il nous pardonne nos péchés et nous conduise à la vie éternelle. ***– Amen.***

Ensuite, on chante ou on dit le Kyrie eleison (Seigneur, prends pitié), à moins qu'il n'ait été déjà employé dans une formule de l'acte pénitentiel (c'est le cas de la précédente).
Kyrie, eleison. ***– Kyrie, eleison.***
Christe, eleison. ***– Christe, eleison.***
Kyrie, eleison. ***– Kyrie, eleison.***
ou bien : Seigneur, prends pitié. ***– Seigneur, prends pitié.***
Ô Christ, prends pitié. ***– Ô Christ, prends pitié.***
Seigneur, prends pitié. ***– Seigneur, prends pitié.***

Gloire à Dieu

Gloire à Dieu, au plus haut des cieux, et paix sur la terre aux hommes,
qu'il aime. Nous te louons, nous te bénissons, nous t'adorons,
nous te glorifions, nous te rendons grâce, pour ton immense gloire,
Seigneur Dieu, Roi du ciel, Dieu le Père tout-puissant.
Seigneur, Fils unique, Jésus Christ, Seigneur Dieu,
Agneau de Dieu, le Fils du Père ;
toi qui enlèves les péchés du monde, prends pitié de nous ;
toi qui enlèves les péchés du monde, reçois notre prière ;
toi qui es assis à la droite du Père, prends pitié de nous.
Car toi seul es Saint, toi seul es Seigneur, toi seul es le Très-Haut :
Jésus Christ, avec le Saint-Esprit dans la gloire de Dieu le Père. Amen.

Gloria in excelsis Deo et in terra pax hominibus bonæ voluntatis. Laudamus te, benedicimus te, adoramus te, glorificamus te, gratias agimus tibi propter magnam gloriam tuam, Domine Deus, Rex cælestis, Deus Pater omnipotens. Domine Fili unigenite, Iesu Christe, Domine Deus, Agnus Dei, Filius Patris, qui tollis peccata mundi, miserere nobis ; qui tollis peccata mundi, suscipe deprecationem nostram.
Qui sedes ad dexteram Patris, miserere nobis.
Quoniam tu solus Sanctus, tu solus Dominus, tu solus Altissimus,
Iesu Christe, cum Sancto Spiritu : in gloria Dei Patris. Amen.

Prière d'ouverture

Voir à la date du jour.

LITURGIE DE LA PAROLE

Voir à la date du jour.

Profession de foi

Symbole de Nicée-Constantinople

Je crois en un seul Dieu, le Père tout-puissant,
créateur du ciel et de la terre, de l'univers visible et invisible.
Je crois en un seul Seigneur, Jésus Christ, le Fils unique de Dieu,
né du Père avant tous les siècles : il est Dieu, né de Dieu,
lumière née de la lumière, vrai Dieu, né du vrai Dieu,
engendré, non pas créé, consubstantiel au Père, et par lui tout a été fait.
Pour nous les hommes, et pour notre salut, il descendit du ciel ;
par l'Esprit Saint, il a pris chair de la Vierge Marie, et s'est fait homme.
Crucifié pour nous sous Ponce Pilate,
il souffrit sa passion et fut mis au tombeau.
Il ressuscita le troisième jour, conformément aux Écritures,
et il monta au ciel ; il est assis à la droite du Père.
Il reviendra dans la gloire, pour juger les vivants et les morts ;
et son règne n'aura pas de fin.
Je crois en l'Esprit Saint, qui est Seigneur et qui donne la vie ;
il procède du Père et du Fils ; avec le Père et le Fils,
il reçoit même adoration et même gloire ; il a parlé par les prophètes.
Je crois en l'Église, une, sainte, catholique et apostolique.
Je reconnais un seul baptême pour le pardon des péchés.
J'attends la résurrection des morts, et la vie du monde à venir. Amen.

Credo in unum Deum, Patrem omnipotentem,
Factorem cœli et terræ, visibilium omnium et invisibilium.
Et in unum Dominum Iesum Christum, Filium Dei unigenitum,
et ex Patre natum ante omnia sæcula.
Deum de Deo, lumen de lumine, Deum verum de Deo vero, genitum,
non factum, consubstantialem Patri : per quem omnia facta sunt.
Qui propter nos homines et propter nostram salutem descendit de cœlis.
Et incarnatus est de Spiritu Sancto ex Maria Virgine, et homo factus est.
Crucifixus etiam pro nobis sub Pontio Pilato ;
passus et sepultus est, et resurrexit tertia die, secundum Scripturas,
et ascendit in cœlum, sedet ad dexteram Patris.
Et iterum venturus est cum gloria, iudicare vivos et mortuos,
cuius regni non erit finis.
Et in Spiritum Sanctum, Dominum et vivificantem :
qui ex Patre Filioque procedit.
Qui cum Patre et Filio simul adoratur et conglorificatur :
qui locutus est per prophetas.
Et unam, sanctam, catholicam et apostolicam Ecclesiam.
Confiteor unum baptisma in remissionem peccatorum.
Et exspecto resurrectionem mortuorum, et vitam venturi sæculi.
Amen.

Symbole des Apôtres

Je crois en Dieu, le Père tout-puissant, créateur du ciel et de la terre.
Et en Jésus Christ, son Fils unique, notre Seigneur,
qui a été conçu du Saint-Esprit, est né de la Vierge Marie,
a souffert sous Ponce Pilate, a été crucifié, est mort et a été enseveli,
est descendu aux enfers, le troisième jour est ressuscité des morts,
est monté aux cieux, est assis à la droite de Dieu le Père tout-puissant,
d'où il viendra juger les vivants et les morts.
Je crois en l'Esprit Saint, à la sainte Église catholique,
à la communion des saints, à la rémission des péchés,
à la résurrection de la chair, à la vie éternelle. Amen.

Prière universelle

LITURGIE EUCHARISTIQUE

Préparation des dons

Tu es béni, Seigneur, Dieu de l'univers : nous avons reçu de ta bonté le pain
que nous te présentons, fruit de la terre et du travail des hommes ;
il deviendra pour nous le pain de la vie. ***—Béni soit Dieu, maintenant et toujours !***

Comme cette eau se mêle au vin pour le sacrement de l'Alliance,
puissions-nous être unis à la divinité de celui qui a voulu prendre notre humanité.

Tu es béni, Seigneur, Dieu de l'univers : nous avons reçu de ta bonté le vin
que nous te présentons, fruit de la vigne et du travail des hommes ;
il deviendra pour nous le vin du Royaume éternel.
—Béni soit Dieu, maintenant et toujours !

Le cœur humble et contrit, nous te supplions, Seigneur, accueille-nous :
que notre sacrifice, en ce jour, trouve grâce devant toi, Seigneur notre Dieu.
Lave-moi de mes fautes, Seigneur, et purifie-moi de mon péché.

Prière sur les offrandes

Priez, frères et sœurs : que mon sacrifice, qui est aussi le vôtre,
soit agréable à Dieu le Père tout-puissant.
— Que le Seigneur reçoive de vos mains ce sacrifice à la louange
et à la gloire de son nom, pour notre bien et celui de toute l'Église.

Ou bien :

Prions ensemble, au moment d'offrir le sacrifice de toute l'Église.
— Pour la gloire de Dieu et le salut du monde.

Prière eucharistique

Le Seigneur soit avec vous. ***— Et avec votre esprit.***
Élevons notre cœur. ***— Nous le tournons vers le Seigneur.***
Rendons grâce au Seigneur notre Dieu. ***— Cela est juste et bon.***

Préfaces

3e préface des dimanches

Notre humanité sauvée
par l'humanité du Christ

Vraiment, il est juste et bon, pour ta gloire et notre salut, de t'offrir notre action de grâce, toujours et en tout lieu, Seigneur, Père très saint, Dieu éternel et tout-puissant. Nous reconnaissons le signe de ton immense gloire, quand tu portes secours à la faiblesse humaine par ta puissance divine, mais plus encore quand ton Fils prend notre condition mortelle pour nous guérir de la mort : ainsi, tu fais de notre existence périssable un passage vers le salut, par le Christ, notre Seigneur. Par lui, les anges adorent ta majesté et se réjouissent en ta présence à jamais. À leur hymne de louange, laisse-nous joindre nos voix pour chanter et proclamer : ***Saint ! Saint ! Saint…***

4e préface des dimanches

L'histoire du salut

Vraiment, il est juste et bon, pour ta gloire et notre salut, de t'offrir notre action de grâce, toujours et en tout lieu, Seigneur, Père très saint, Dieu éternel et tout-puissant, par le Christ, notre Seigneur. Par sa naissance, il a renouvelé la condition humaine destinée à vieillir ; par sa passion, il a effacé nos fautes ; par sa résurrection d'entre les morts, il a donné accès à la vie éternelle ; et par son ascension auprès de toi, notre Père, il a ouvert les portes du ciel. C'est pourquoi, avec la multitude des anges et des saints, nous chantons l'hymne de ta gloire et sans fin nous proclamons : ***Saint ! Saint ! Saint…***

4e préface commune

La louange, don de Dieu

Vraiment, il est juste et bon, pour ta gloire et notre salut, de t'offrir notre action de grâce, toujours et en tout lieu, Seigneur, Père très saint, Dieu éternel et tout-puissant. Tu n'as pas besoin de notre louange, et pourtant c'est toi qui nous donnes de répondre à tes bienfaits en te rendant grâce : nos chants n'ajoutent rien à ce que tu es, mais nous font progresser vers le salut, par le Christ notre Seigneur. C'est pourquoi, unissant nos voix à celles des anges, nous te louons dans la joie en proclamant : ***Saint ! Saint ! Saint…***

5e préface commune

Proclamation du mystère du Christ

Vraiment, il est juste et bon, pour ta gloire et notre salut, de t'offrir notre action de grâce, toujours et en tout lieu, Seigneur, Père très saint, Dieu éternel et tout-puissant, par le Christ, notre Seigneur. Le rappel de sa mort provoque notre amour, l'annonce de sa résurrection ravive notre foi, et l'attente de sa venue dans la gloire affermit notre espérance. C'est pourquoi, avec les saints et tous les anges, nous te louons et sans fin nous proclamons : ***Saint ! Saint ! Saint…***

1re préface de la Vierge Marie

La Maternité de la bienheureuse Vierge Marie

Vraiment, il est juste et bon, pour ta gloire et notre salut, de t'offrir notre action de grâce, toujours et en tout lieu, Seigneur, Père très saint, Dieu éternel et tout-puissant. En ce jour

• où nous célébrons la *(nommer la fête)* de la bienheureuse Vierge Marie : …

• où nous célébrons la mémoire de la bienheureuse Vierge Marie : …

• où nous honorons la bienheureuse Vierge Marie :

…nous voulons te chanter, te bénir et te glorifier. Car elle a conçu ton Fils unique lorsque le Saint-Esprit la couvrit de son ombre, et, gardant pour toujours la gloire de sa virginité, elle a donné au monde la lumière éternelle, Jésus, le Christ, notre Seigneur. Par lui, les anges célèbrent ta grandeur, et les esprits bienheureux adorent ta gloire ; par lui s'inclinent devant toi les puissances d'en haut et tressaillent d'une même allégresse les innombrables créatures des cieux. À leur hymne de louange, laisse-nous joindre nos voix pour chanter et proclamer : ***Saint ! Saint ! Saint…***

1re préface des Apôtres

Les Apôtres, pasteurs du peuple de Dieu

Vraiment, il est juste et bon, pour ta gloire et notre salut, de t'offrir notre action de grâce, toujours et en tout lieu, Seigneur, Père très saint, Dieu éternel et tout-puissant. Tu n'abandonnes pas ton troupeau, Pasteur éternel, mais tu le gardes par les bienheureux Apôtres sous ta constante protection, pour qu'il soit dirigé par ceux-là mêmes que tu as établis à sa tête comme pasteurs au nom de ton Fils. C'est pourquoi, avec les anges et les archanges, avec les puissances d'en haut et tous les esprits bienheureux, nous chantons l'hymne de ta gloire et sans fin nous proclamons : ***Saint ! Saint ! Saint...***

1re préface des saints

La gloire des saints

Vraiment, il est juste et bon, pour ta gloire et notre salut, de t'offrir notre action de grâce, toujours et en tout lieu, Seigneur, Père très saint, Dieu éternel et tout-puissant. Car tu es glorifié dans l'assemblée des saints : lorsque tu couronnes leurs mérites, tu couronnes tes propres dons. Dans leur vie, tu nous procures un modèle, dans la communion avec eux, une famille, et dans leur intercession, un appui ; afin que, soutenus par de si nombreux témoins, nous courions jusqu'au bout l'épreuve qui nous est proposée et recevions avec eux l'impérissable couronne de gloire, par le Christ, notre Seigneur. C'est pourquoi, avec les anges et les archanges, avec la foule immense des saints, nous chantons l'hymne de ta gloire et sans fin nous proclamons : ***Saint ! Saint ! Saint...***

2e préface des saints martyrs

Les merveilles de Dieu dans la victoire des martyrs

Vraiment, il est juste et bon, pour ta gloire et notre salut, de t'offrir notre action de grâce, toujours et en tout lieu, Seigneur, Père très saint, Dieu éternel et tout-puissant. En louant tes saints martyrs, c'est toi que nous exaltons, et leur passion révèle l'œuvre admirable de ta puissance : tu leur donnes, en ta bonté, de croire avec ardeur, de persévérer sans faiblir et de vaincre dans le combat, par le Christ notre Seigneur. C'est pourquoi le ciel et la terre t'adorent ; ils te chantent le cantique nouveau, et nous-mêmes, unissant notre voix à celle des anges, nous t'acclamons : ***Saint ! Saint ! Saint…***

Préface des saints pasteurs

La présence des saints pasteurs dans l'Église

Vraiment, il est juste et bon, pour ta gloire et notre salut, de t'offrir notre action de grâce, toujours et en tout lieu, Seigneur, Père très saint, Dieu éternel et tout-puissant, par le Christ, notre Seigneur. Tu donnes à ton Église de se réjouir en la fête de saint (des saints) N. : par l'exemple qu'il a (qu'ils ont) donné, tu nous encourages, par son (leur) enseignement, tu nous éclaires, à sa (leur) prière, tu veilles sur nous. C'est pourquoi, avec la multitude des anges et des saints, nous chantons l'hymne de ta gloire et sans fin nous proclamons : ***Saint ! Saint ! Saint…***

Préface des saintes vierges, et des saints religieux ou religieuses

Signification de la vie consacrée

Vraiment, il est juste et bon, pour ta gloire et notre salut, de t'offrir notre action de grâce, toujours et en tout lieu, Seigneur, Père très saint, Dieu éternel et tout-puissant. Nous célébrons les prévenances de ton amour pour tant d'hommes et de femmes parvenus à la sainteté en se donnant au Christ à cause du royaume des Cieux. Par ce mystère d'alliance, tu veux que notre condition humaine retrouve sa splendeur première, et que, dès ici-bas, nous ayons un avant-goût des biens que tu nous donneras dans le monde à venir. C'est pourquoi, avec les saints et tous les anges, nous te louons et sans fin nous proclamons :

Saint ! Saint ! Saint, le Seigneur,
Dieu de l'univers !
Le ciel et la terre
sont remplis de ta gloire.
Hosanna au plus haut des cieux.
Béni soit celui qui vient
au nom du Seigneur.
Hosanna au plus haut des cieux.

Sanctus, Sanctus, Sanctus
Dominus Deus Sabaoth.
Pleni sunt cæli et terra gloria tua.
Hosanna in excelsis.
Benedictus qui venit in nomine
Domini. Hosanna in excelsis.

• *Prière eucharistique* **1**
« Toi, Père très aimant... » .... *p. 238*
• *Prière eucharistique* **2**
« Toi qui es vraiment saint... » .... *p. 242*
• *Prière eucharistique* **3**
« Tu es vraiment saint... » .... *p. 245*
• *Prière eucharistique* **4**
« Père très saint... » .... *p. 249*

Prière eucharistique nº 1

(Préfaces : p. 232.)

Toi, Père très aimant, nous te prions et te supplions par Jésus Christ, ton Fils, notre Seigneur, d'accepter et de bénir ✠ ces dons, ces offrandes, sacrifice pur et saint, que nous te présentons avant tout pour ta sainte Église catholique : accorde-lui la paix et protège-la, daigne la rassembler dans l'unité et la gouverner par toute la terre ; nous les présentons en union avec ton serviteur notre pape N., notre évêque N., et tous ceux qui gardent fidèlement la foi catholique reçue des Apôtres.

Souviens-toi, Seigneur, de tes serviteurs et de tes servantes (de N. et de N.), et de tous ceux qui sont ici réunis, dont tu connais la foi et l'attachement. Nous t'offrons pour eux, ou ils t'offrent pour eux-mêmes et tous les leurs ce sacrifice de louange, pour leur propre rédemption, pour la paix, et le salut qu'ils espèrent ; ils te rendent cet hommage, à toi, Dieu éternel, vivant et vrai.

(1) **En semaine :**

• Unis dans une même communion, vénérant d'abord la mémoire de la bienheureuse Marie toujours vierge, Mère de notre Dieu et Seigneur, Jésus Christ, •••

(2) **Le dimanche :**

• Unis dans une même communion, nous célébrons le jour où le Christ est ressuscité d'entre les morts ; et vénérant d'abord la mémoire de la bienheureuse Marie toujours vierge, Mère de notre Dieu et Seigneur, Jésus Christ, •••

(3) **À l'Assomption :**

• Unis dans une même communion, nous célébrons le jour où la Vierge Marie a été élevée dans la gloire du ciel ; et vénérant d'abord la mémoire de cette Vierge bienheureuse, la Mère de notre Dieu et Seigneur, Jésus Christ, •••

••• et celle de saint Joseph, son époux, des bienheureux Apôtres et martyrs Pierre et Paul, André, [Jacques et Jean, Thomas, Jacques et Philippe, Barthélemy et Matthieu, Simon et Jude, Lin, Clet, Clément, Sixte, Corneille et Cyprien, Laurent, Chrysogone, Jean et Paul, Côme et Damien,] et de tous les saints, nous t'en supplions : accorde-nous, par leur prière et leurs mérites, d'être toujours et partout, forts de ton secours et de ta protection. [Par le Christ, notre Seigneur. Amen.]

Voici donc l'offrande que nous présentons devant toi, nous, tes serviteurs, et ta famille entière : Seigneur, dans ta bienveillance, accepte-la. Assure toi-même la paix de notre vie, arrache-nous à la damnation éternelle et veuille nous admettre au nombre de tes élus. [Par le Christ, notre Seigneur. Amen.]

Seigneur Dieu, nous t'en prions, daigne bénir et accueillir cette offrande, accepte-la pleinement, rends-la parfaite et digne de toi : qu'elle devienne pour nous le corps et le sang de ton Fils bien-aimé, Jésus, le Christ, notre Seigneur.

La veille de sa passion, il prit le pain dans ses mains très saintes et, les yeux levés au ciel, vers toi, Dieu, son Père tout-puissant, en te rendant grâce il dit la bénédiction, il rompit le pain, et le donna à ses disciples, en disant : « **Prenez, et mangez-en tous** : ceci est mon corps livré pour vous. »
De même, après le repas, il prit cette coupe incomparable dans ses mains très saintes ; et, te rendant grâce à nouveau, il dit la bénédiction, et

donna la coupe à ses disciples, en disant : « Prenez, et buvez-en tous, car ceci est la coupe de mon sang, le sang de l'Alliance nouvelle et éternelle, qui sera versé pour vous et pour la multitude en rémission des péchés. Vous ferez cela en mémoire de moi. »

(1) Il est grand, le mystère de la foi :
— Nous annonçons ta mort, Seigneur Jésus, nous proclamons ta résurrection, nous attendons ta venue dans la gloire.

(2) Acclamons le mystère de la foi :
— Quand nous mangeons ce pain et buvons à cette coupe, nous annonçons ta mort, Seigneur ressuscité, et nous attendons que tu viennes.

(3) Qu'il soit loué, le mystère de la foi :
— Sauveur du monde, sauve-nous ! Par ta croix et ta résurrection, tu nous as libérés.

ou :

Proclamons le mystère de la foi :
— Gloire à toi qui étais mort, gloire à toi qui es vivant, notre Sauveur et notre Dieu : viens, Seigneur Jésus !

Mysterium fidei.
(1) – *Mortem tuam annuntiamus, Domine, et tuam resurrectionem confitemur, donec venias.*

(2) – *Quotiescumque manducamus panem hunc et calicem bibimus, mortem tuam annuntiamus, Domine, donec venias.*

(3) – *Salvator mundi, salva nos, qui per crucem et resurrectionem tuam liberasti nos.*

Voilà pourquoi nous, tes serviteurs, et ton peuple saint avec nous, faisant mémoire de la passion bienheureuse de ton Fils, Jésus, le Christ, notre Seigneur, de sa résurrection du séjour des morts et de sa glorieuse ascension dans le ciel, nous te présentons, Dieu de gloire et de majesté, cette offrande prélevée sur les biens que tu nous donnes, le sacrifice pur et saint, le sacrifice parfait, pain de la vie éternelle et coupe du salut. Et comme il t'a plu d'accueillir les présents de ton serviteur Abel le Juste, le sacrifice d'Abraham, notre père dans la foi, et celui que t'offrit Melkisédek, ton grand prêtre, oblation sainte et immaculée, regarde ces offrandes avec amour et, dans ta bienveillance, accepte-les. Nous t'en supplions, Dieu tout-puissant : qu'elles soient portées par les mains de ton saint Ange en présence de ta gloire, sur ton autel céleste, afin qu'en recevant ici, par notre communion à l'autel, le corps et le sang très saints de ton Fils, nous soyons comblés de la grâce et de toute bénédiction du ciel. [Par le Christ, notre Seigneur. Amen.]

Souviens-toi aussi, Seigneur, de tes serviteurs et de tes servantes (de N. et N.) qui nous ont précédés, marqués du signe de la foi, et qui dorment dans la paix. Pour eux et pour tous ceux qui reposent dans le Christ, nous implorons ta bonté, Seigneur : qu'ils demeurent dans la joie, la lumière et la paix. [Par le Christ, notre Seigneur. Amen.]

Et nous pécheurs, tes serviteurs, qui mettons notre espérance en ta miséricorde inépuisable, admets-nous dans la communauté des saints Apôtres et martyrs, avec Jean Baptiste, Étienne, Matthias et Barnabé, [Ignace, Alexandre, Marcellin et Pierre, Félicité et Perpétue, Agathe, Lucie, Agnès, Cécile, Anastasie,] et tous les saints ; nous t'en prions, accueille-nous dans leur compagnie, sans nous juger sur le mérite mais en accordant largement ton pardon. Par le Christ, notre Seigneur. Par lui, tu ne cesses de créer tous ces biens, tu les sanctifies, leur donnes la vie, les bénis, et nous en fais le don.

Par lui, avec lui et en lui, à toi, Dieu le Père tout-puissant, dans l'unité du Saint-Esprit, tout honneur et toute gloire, pour les siècles des siècles.
— Amen.

Vient ensuite le rite de la communion, p. 252.

Prière eucharistique n° 2

(On peut aussi choisir une autre préface.)

Vraiment, Père très saint, il est juste et bon, pour ta gloire et notre salut, de t'offrir notre action de grâce, toujours et en tout lieu, par ton Fils bien-aimé, Jésus, le Christ : il est ta parole par qui tu as créé toutes choses ; c'est lui que tu nous as envoyé comme Rédempteur et Sauveur, Dieu fait homme, conçu de l'Esprit Saint, né de la Vierge Marie. Pour accomplir jusqu'au bout ta volonté et rassembler un peuple saint qui t'appartienne, il étendit les mains à l'heure de sa passion, afin de briser la mort, et de manifester la résurrection. C'est pourquoi, avec les anges et tous les saints, nous chantons ta gloire, et d'une seule voix nous proclamons :

Saint ! Saint ! Saint, le Seigneur, Dieu de l'univers ! Le ciel et la terre sont remplis de ta gloire. Hosanna au plus haut des cieux. Béni soit celui qui vient au nom du Seigneur.
Hosanna au plus haut des cieux.

(Voir p. 237 pour la version latine.)

(1) **En semaine :**

• Toi qui es vraiment saint, toi qui es la source de toute sainteté, Seigneur, nous te prions : •••

(2) **Le dimanche :**
• Toi qui es vraiment saint, toi qui es la source de toute sainteté, Dieu notre Père, nous voici rassemblés devant toi, et, dans la communion de toute l'Église, nous célébrons le jour où le Christ est ressuscité d'entre les morts. Par lui que tu as élevé à ta droite, nous te prions : •••

(3) **À l'Assomption :**
• Toi qui es vraiment saint, toi qui es la source de toute sainteté, Dieu notre Père, nous voici rassemblés devant toi, et, dans la communion de toute l'Église, nous célébrons le jour où la Vierge, Mère de Dieu, a été élevée au ciel, dans la gloire de son fils, Jésus Christ, notre Seigneur. Par lui, qui est à l'origine de notre foi et qui la mène à sa perfection, nous te prions :•••

••• Sanctifie ces offrandes en répandant sur elles ton Esprit ; qu'elles deviennent pour nous le corps et ✝ le sang de Jésus, le Christ, notre Seigneur.

Au moment d'être livré et d'entrer librement dans sa passion, il prit le pain, il rendit grâce, il le rompit et le donna à ses disciples, en disant : « **Prenez, et mangez-en tous** : ceci est mon corps livré pour vous. »
De même, après le repas, il prit la coupe ; de nouveau il rendit grâce, et la donna à ses disciples, en disant : « **Prenez, et buvez-en tous**, car ceci est la coupe de mon sang, le sang de l'Alliance nouvelle et éternelle, qui sera versé pour vous et pour la multitude en rémission des péchés. Vous ferez cela en mémoire de moi. »

(1) Il est grand, le mystère de la foi :
— Nous annonçons ta mort,
Seigneur Jésus,
nous proclamons ta résurrection,
nous attendons ta venue dans la gloire.

Prière eucharistique nº 2

(2) Acclamons le mystère de la foi :
— *Quand nous mangeons ce pain et buvons à cette coupe, nous annonçons ta mort, Seigneur ressuscité, et nous attendons que tu viennes.*

(3) Qu'il soit loué, le mystère de la foi :
— *Sauveur du monde, sauve-nous ! Par ta croix et ta résurrection, tu nous as libérés.*
ou Proclamons le mystère de la foi :
— *Gloire à toi qui étais mort, gloire à toi qui es vivant, notre Sauveur et notre Dieu : viens, Seigneur Jésus !*
(Voir p. 240 pour la version latine.)

En faisant ainsi mémoire de la mort et de la résurrection de ton Fils, nous t'offrons, Seigneur, le pain de la vie et la coupe du salut, et nous te rendons grâce, car tu nous as estimés dignes de nous tenir devant toi pour te servir. Humblement, nous te demandons qu'en ayant part au corps et au sang du Christ, nous soyons rassemblés par l'Esprit Saint en un seul corps.

Souviens-toi, Seigneur, de ton Église répandue à travers le monde : fais-la grandir dans ta charité en union avec notre pape N., notre évêque N., et tous les évêques, les prêtres et les diacres.

Souviens-toi aussi de nos frères et sœurs qui se sont endormis dans l'espérance de la résurrection, et souviens-toi, dans ta miséricorde, de tous les défunts : accueille-les dans la lumière de ton visage.

Sur nous tous enfin, nous implorons ta bonté : permets qu'avec la Vierge Marie, la bienheureuse Mère de Dieu, avec saint Joseph, son époux, les Apôtres et tous les saints qui ont fait ta joie au long des âges, nous ayons part à la vie éternelle et que nous chantions ta louange et ta gloire, par ton Fils Jésus, le Christ.

Par lui, avec lui et en lui, à toi, Dieu le Père tout-puissant, dans l'unité du Saint-Esprit, tout honneur et toute gloire, pour les siècles des siècles.
– Amen.

Vient ensuite le rite de la communion, p. 252.

Prière eucharistique n° 3

(Préfaces : p. 232.)

Tu es vraiment saint, Dieu de l'univers, et il est juste que toute la création proclame ta louange, car c'est toi qui donnes la vie, c'est toi qui sanctifies toutes choses, par ton Fils, Jésus Christ, notre Seigneur, avec la puissance de l'Esprit Saint ; et tu ne cesses de rassembler ton peuple, afin que, du levant au couchant du soleil, une offrande pure soit présentée à ton nom.

(1) **En semaine :**
• C'est pourquoi nous te supplions, Seigneur, de consacrer toi-même les offrandes que nous apportons : •••

(2) **Le dimanche :**
• C'est pourquoi nous voici rassemblés devant toi, Dieu notre Père, et, dans la communion de toute l'Église, nous célébrons le jour où le Christ est ressuscité d'entre les morts. Par lui, que tu as élevé à ta droite, nous te supplions de consacrer toi-même les offrandes que nous apportons : •••

(3) **À l'Assomption :**
• C'est pourquoi nous voici rassemblés devant toi, Dieu notre Père, et, dans la communion de toute l'Église, nous célébrons le jour où la Vierge, Mère de Dieu, a été élevée au ciel, dans la

gloire de son fils, Jésus Christ, notre Seigneur. Par lui, qui est à l'origine de notre foi et qui la mène à sa perfection, nous te supplions de consacrer toi-même les offrandes que nous apportons : •••

••• Sanctifie-les par ton Esprit pour qu'elles deviennent le corps + et le sang de ton Fils, Jésus Christ, notre Seigneur, qui nous a dit de célébrer ce mystère.

La nuit même où il fut livré, il prit le pain, en te rendant grâce il dit la bénédiction, il rompit le pain, et le donna à ses disciples, en disant : « **Prenez, et mangez-en tous** : ceci est mon corps livré pour vous. »
De même, après le repas, il prit la coupe ; en te rendant grâce il dit la bénédiction, et donna la coupe à ses disciples, en disant : « **Prenez, et buvez-en tous**, car ceci est la coupe de mon sang, le sang de l'Alliance nouvelle et éternelle, qui sera versé pour vous et pour la multitude en rémission des péchés. Vous ferez cela en mémoire de moi. »

(1) Il est grand, le mystère de la foi :
— Nous annonçons ta mort, Seigneur Jésus, nous proclamons ta résurrection, nous attendons ta venue dans la gloire.

(2) Acclamons le mystère de la foi :
— Quand nous mangeons ce pain et buvons à cette coupe, nous annonçons ta mort, Seigneur ressuscité, et nous attendons que tu viennes.

(3) Qu'il soit loué, le mystère de la foi :
— Sauveur du monde, sauve-nous ! Par ta croix et ta résurrection, tu nous as libérés.
ou: Proclamons le mystère de la foi :
— Gloire à toi qui étais mort, gloire à toi qui es vivant, notre Sauveur et notre Dieu : viens, Seigneur Jésus !
(Voir p. 240 pour la version latine.)

En faisant ainsi mémoire de ton Fils, de sa passion qui nous sauve, de sa glorieuse résurrection et de son ascension dans le ciel, alors que nous attendons son dernier avènement, nous t'offrons, Seigneur, en action de grâce, ce sacrifice vivant et saint. Regarde, nous t'en prions, l'oblation de ton Église, et daigne y reconnaître ton Fils qui, selon ta volonté, s'est offert en sacrifice pour nous réconcilier avec toi. Quand nous serons nourris de son corps et de son sang, et remplis de l'Esprit Saint, accorde-nous d'être un seul corps et un seul esprit dans le Christ.

Que l'Esprit Saint fasse de nous une éternelle offrande à ta gloire, pour que nous obtenions un jour l'héritage promis, avec tes élus : en premier lieu la bienheureuse Vierge Marie, Mère de Dieu, avec saint Joseph, son époux, les bienheureux Apôtres, les glorieux martyrs, (saint N.) et tous les saints, qui ne cessent d'intercéder auprès de toi et nous assurent de ton secours.

Et maintenant nous te supplions, Seigneur : par le sacrifice qui nous réconcilie avec toi, étends au monde entier le salut et la paix. Affermis ton Église, en pèlerinage sur la terre, dans la foi et la charité, en union avec ton serviteur notre pape N., et notre évêque N., l'ensemble des évêques, les prêtres, les diacres, et tout le peuple que tu as racheté. Écoute, en ta bonté, les prières de ta famille, que tu as voulu rassembler devant toi. Dans ta miséricorde, ramène à toi, Père très aimant, tous tes enfants dispersés.

Pour nos frères et sœurs défunts, et pour tous ceux qui ont quitté ce monde et trouvent grâce devant toi, nous te prions : en ta bienveillance, accueille-les dans ton Royaume, où nous espérons être comblés de ta gloire, tous ensemble et pour l'éternité, par le Christ, notre Seigneur, par qui tu donnes au monde toute grâce et tout bien.

Par lui, avec lui et en lui, à toi, Dieu le Père tout-puissant, dans l'unité du Saint-Esprit, tout honneur et toute gloire, pour les siècles des siècles.

– Amen.

Vient ensuite le rite de la communion, p. 252.

Prière eucharistique n° 4

Vraiment, il est bon de te rendre grâce, il est juste et bon de te glorifier, Père très saint, car tu es le seul Dieu, le Dieu vivant et vrai : toi qui es avant tous les siècles, tu demeures éternellement, lumière au-delà de toute lumière. Toi, le Dieu de bonté, la source de la vie, tu as fait le monde pour que toute créature soit comblée de tes bénédictions, et que beaucoup se réjouissent de l'éclat de ta lumière. Ainsi, la foule innombrable des anges qui te servent jour et nuit se tiennent devant toi, et, contemplant la splendeur de ta face, n'interrompent jamais leur louange. Unis à leur hymne d'allégresse, avec la création tout entière qui t'acclame par nos voix, Dieu, nous te chantons (louons) :

Saint ! Saint ! Saint,
le Seigneur,
Dieu de l'univers !
Le ciel et la terre
sont remplis de ta gloire.
Hosanna au plus haut des cieux.
Béni soit celui qui vient
au nom du Seigneur.
Hosanna au plus haut des cieux.

(Voir p. 237 pour la version latine.)

Père très saint, nous proclamons que tu es grand et que tu as fait toutes choses avec sagesse et par amour : tu as créé l'homme à ton image et tu lui as confié l'univers, afin qu'en te servant, toi seul, son Créateur, il règne sur la création. Comme il avait perdu ton amitié par sa désobéissance, tu ne l'as pas abandonné au pouvoir de la mort. Dans ta miséricorde, tu es venu en aide à tous les hommes pour qu'ils te cherchent et puissent te trouver. Tu as multiplié les alliances avec eux, et tu les as formés, par les prophètes, dans l'espérance du salut. Tu as tellement aimé le monde, Père très saint, que tu nous as envoyé ton Fils unique, lorsque les temps furent accomplis, pour qu'il soit notre Sauveur. Dieu fait homme, conçu de l'Esprit Saint, né de la Vierge Marie, il a vécu notre condition humaine en toute chose, excepté le péché, annonçant aux pauvres la bonne nouvelle du salut ; aux captifs, la délivrance ; aux affligés, la joie. Pour accomplir le dessein de ton amour, il s'est livré lui-même à la mort, et, par sa résurrection, il a détruit la mort et renouvelé la vie. Afin que désormais notre vie ne soit plus à nous-mêmes, mais à lui qui est mort et ressuscité pour nous, il a envoyé d'auprès de toi, Père, comme premier don fait aux croyants, l'Esprit Saint qui continue son œuvre dans le monde et achève toute sanctification.

Que ce même Esprit Saint, nous t'en prions, Seigneur, sanctifie ces offrandes : qu'elles deviennent ainsi le corps ✠ et le sang de notre Seigneur Jésus, le Christ, dans la célébration de ce grand mystère, que lui-même nous a laissé en signe de l'Alliance éternelle.

Quand l'heure fut venue où tu allais le glorifier, Père très saint, comme il avait aimé les siens qui étaient dans

le monde, il les aima jusqu'au bout : pendant le repas qu'il partageait avec eux, il prit le pain, dit la bénédiction, le rompit et le donna à ses disciples, en disant :
« **Prenez, et mangez-en tous** : ceci est mon corps livré pour vous. »
De même, il prit la coupe remplie de vin, il rendit grâce, et la donna à ses disciples, en disant : « **Prenez, et buvez-en tous,** car ceci est la coupe de mon sang, le sang de l'Alliance nouvelle et éternelle, qui sera versé pour vous et pour la multitude en rémission des péchés. Vous ferez cela en mémoire de moi. »

(1) Il est grand, le mystère de la foi :
— Nous annonçons ta mort, Seigneur Jésus, nous proclamons ta résurrection, nous attendons ta venue dans la gloire.

(2) Acclamons le mystère de la foi :
— Quand nous mangeons ce pain
et buvons à cette coupe,
nous annonçons ta mort,
Seigneur ressuscité,
et nous attendons que tu viennes.

(3) Qu'il soit loué, le mystère de la foi :
— Sauveur du monde, sauve-nous !
Par ta croix et ta résurrection,
tu nous as libérés.

ou :

Proclamons le mystère de la foi :
— Gloire à toi qui étais mort,
gloire à toi qui es vivant,
notre Sauveur et notre Dieu :
viens, Seigneur Jésus !

(Voir p. 240 pour la version latine.)

Voilà pourquoi, Seigneur, nous célébrons aujourd'hui le mémorial de notre rédemption : en rappelant la mort du Christ et sa descente au séjour des morts, en proclamant sa résurrection et son ascension à ta droite, en attendant sa venue dans la gloire, nous t'offrons son corps et son sang, le sacrifice qui est digne de toi et qui sauve le monde entier. Regarde, Seigneur, celui qui s'offre dans le sacrifice que toi-même as préparé pour ton Église, et, dans ta bonté, accorde à tous ceux qui vont partager ce pain et boire à cette coupe d'être rassemblés par l'Esprit Saint en un seul corps, pour qu'ils deviennent eux-mêmes dans le Christ une vivante offrande à la louange de ta gloire.

Et maintenant, Seigneur, rappelle-toi tous ceux pour qui nous offrons le sacrifice : en premier lieu, ton serviteur notre pape N., notre évêque N., et l'ensemble des évêques, les prêtres et les diacres, les fidèles qui présentent cette offrande, les membres de notre assemblée, le peuple entier qui t'appartient, et tous ceux qui te cherchent avec droiture.

Souviens-toi aussi de ceux qui sont morts dans la paix du Christ, et de tous les défunts dont toi seul connais la foi.

À nous qui sommes tes enfants, accorde, Père très bon, l'héritage de la vie éternelle auprès de la Vierge Marie, la bienheureuse Mère de Dieu, auprès de saint Joseph, son époux, des Apôtres et de tous les saints, dans ton Royaume. Nous pourrons alors, avec la création tout entière, enfin libérée de la corruption du péché et de la mort, te glorifier par le Christ, notre Seigneur, par qui tu donnes au monde toute grâce et tout bien.

Par lui, avec lui et en lui, à toi, Dieu le Père tout-puissant, dans l'unité du Saint-Esprit, tout honneur et toute gloire, pour les siècles des siècles.

— Amen.

Vient ensuite le rite de la communion, p. 252.

Notre Père

(1) Comme nous l'avons appris du Sauveur, et selon son commandement, nous osons dire :
(2) Unis dans le même Esprit, nous pouvons dire avec confiance la prière que nous avons reçue du Sauveur :

Notre Père qui es aux cieux, que ton nom soit sanctifié,
que ton règne vienne, que ta volonté soit faite sur la terre comme au ciel.
Donne-nous aujourd'hui notre pain de ce jour. Pardonne-nous nos offenses,
comme nous pardonnons aussi à ceux qui nous ont offensés.
Et ne nous laisse pas entrer en tentation, mais délivre-nous du Mal.

(3) *Præceptis salutaribus moniti, et divina institutione formati, audemus dicere : Pater noster, qui es in cælis : sanctificetur nomen tuum ; adveniat regnum tuum ; fiat voluntas tua, sicut in cælo, et in terra. Panem nostrum cotidianum da nobis hodie ; et dimitte nobis debita nostra, sicut et nos dimittimus debitoribus nostris ; et ne nos inducas in tentationem ; sed libera nos a malo.*

Délivre-nous de tout mal, Seigneur, et donne la paix à notre temps : soutenus par ta miséricorde, nous serons libérés de tout péché, à l'abri de toute épreuve, nous qui attendons que se réalise cette bienheureuse espérance : l'avènement de Jésus Christ, notre Sauveur.
— Car c'est à toi qu'appartiennent le règne,
la puissance et la gloire pour les siècles des siècles !

Échange de la paix

Seigneur Jésus Christ, tu as dit à tes Apôtres : « Je vous laisse la paix, je vous donne ma paix » ; ne regarde pas nos péchés mais la foi de ton Église ; pour que ta volonté s'accomplisse, donne-lui toujours cette paix, et conduis-la vers l'unité parfaite, toi qui vis et règnes pour les siècles des siècles. ***– Amen.***

Que la paix du Seigneur soit toujours avec vous. ***– Et avec votre esprit.***

Dans la charité du Christ, donnez-vous la paix.

Fraction du pain

Que le corps et le sang de notre Seigneur Jésus Christ,
réunis dans cette coupe, nourrissent en nous la vie éternelle.

Agneau de Dieu

Agneau de Dieu, qui enlèves les péchés du monde, prends pitié de nous. *(bis)*
Agneau de Dieu, qui enlèves les péchés du monde, donne-nous la paix.

Agnus Dei, qui tollis peccata mundi, miserere nobis. (bis)
Agnus Dei, qui tollis peccata mundi, dona nobis pacem.

Communion

(1) *Seigneur Jésus Christ, Fils du Dieu vivant, selon la volonté du Père et avec la puissance du Saint-Esprit, tu as donné, par ta mort, la vie au monde ; que ton corps et ton sang très saints me délivrent de mes péchés et de tout mal ; fais que je demeure fidèle à tes commandements et que jamais je ne sois séparé de toi.*

(2) Seigneur Jésus Christ, que cette communion à ton corps et à ton sang n'entraîne pour moi ni jugement ni condamnation ; mais que, par ta bonté, elle soutienne mon esprit et mon corps et me donne la guérison.

Voici l'Agneau de Dieu, voici celui qui enlève les péchés du monde.
Heureux les invités au repas des noces de l'Agneau !
— Seigneur, je ne suis pas digne de te recevoir ;
mais dis seulement une parole, et je serai guéri.

Chant de communion ou antienne de la communion.

Prière après la communion voir à la date du jour.

RITE DE CONCLUSION

Le Seigneur soit avec vous.
— Et avec votre esprit.
Que Dieu tout-puissant vous bénisse, le Père, et le Fils, ✝ et le Saint-Esprit.
— Amen.

Puis le diacre, ou le prêtre lui-même, les mains jointes, tourné vers l'assemblée, dit :

(1) Allez, dans la paix du Christ.
(2) Allez porter l'Évangile du Seigneur.
(3) Allez en paix, glorifiez le Seigneur par votre vie.
(4) Allez en paix.
— Nous rendons grâce à Dieu.

Chants pour la célébration

Les chants en rouge sont consultables à la page indiquée. **Les chants en noir** sont référencés avec leur cote SECLI.

	Ouverture	Renvoi	Communion / Action de grâce	Renvoi
6 août	Appelés enfants de Dieu	p. 256	Partageons le pain du Seigneur	p. 262
	Dieu nous a tous appelés	KD14-56-1	Celui qui a mangé de ce pain	D140-2
	Aujourd'hui, montons sur la montagne	M119	Dieu Très-Haut qui fais merveille	Y127-1
13 août	Si l'espérance t'a fait marcher	G213	Si la mer se déchaîne	DP
	Dieu nous éveille à la foi	A 20-70-1	Ô ma joie et mon espérance	Taizé
	Près de toi, Seigneur, nous voici	p. 257	Pain donné pour notre vie	p. 264
15 août	Signe grandiose apparu dans le ciel	p. 258	Couronnée d'étoiles	V44-58
	Vierge sainte, Dieu t'a choisie	V136	Regarde l'étoile	Ed. Emmanuel
	Marie, dans la gloire du ciel	EDIT896	Domino Christo Servire	p. 265
20 août	Laisserons-nous à notre table	D577	Venez à moi, vous qui portez un fardeau	p. 266
	Seigneur, rassemble-nous	D87	Qui mange ma chair	D290
	Chantez, priez, célébrez le Seigneur	p. 260	Appelés pour bâtir le Royaume	TK51-32
27 août	Pierre, tu es Pierre	p. 261	Nous t'avons reconnu Seigneur	p. 268
	Dieu Très-Haut qui fais merveille	Y127-1	Voici le pain que donne Dieu	D50-07-2
	Peuple choisi	K64-4SM	Qui donc est Dieu ?	MP82-3

Suggestions pour août 2023 proposées par Thibault Van Den Driessche, avec ChantonsenÉglise

Appelés enfants de Dieu *(Ouverture)*

Y35-10 ; T. et M. : D.-M. David, L.-E. Labarthe ; Éd. de L'Emmanuel.

Refrain : **Béni soit Dieu le Père de Jésus le Seigneur,**
par son Fils bien-aimé, il nous a tout donné.
Comme il est grand l'amour dont il nous a comblés
pour que nous soyons appelés « enfants de Dieu ».

① **Père saint, Dieu vivant et vrai, tu étais avant tous les siècles.**
Tu demeures éternellement, lumière au-delà de toute lumière.

② **Dieu très grand, source de la vie, tu as fait l'homme à ton image.**
Tu lui as confié l'univers, pour qu'en te servant, il règne sur terre.

③ **Dieu très bon, Père plein d'amour, nous étions perdus loin de toi.**
Tu es venu nous rechercher, tu nous as montré ta fidélité.

④ **En ces temps qui sont les derniers, en ton Fils, tu as tout donné.**
Il a pris notre humanité, pour que nous soyons tes fils bien-aimés.

⑤ **Pour que nos vies soient tout à lui, il nous a envoyé l'Esprit.**
Il demeure en chacun de nous ; soyons les témoins du Règne qui vient !

Près de toi, Seigneur, nous voici *(Ouverture)*

A25-81 ; T. : C. Bernard ; M. : M. Vial ; Bayard.

Refrain : **Près de toi, Seigneur, nous voici,**
cœur ouvert à ton appel ;
près de toi qui donnes la vie,
Dieu saint, notre Père.

① **Dieu de l'univers,**
tu nous réunis.
Joie dans ta maison,
l'Église vivante !

② **Dieu de toute paix,**
source du pardon !
Tu nous veux debout,
ton Fils nous relève.

③ **Dieu qui parles au cœur,**
dis-nous ton secret !
Par ton Esprit Saint,
réveille ton peuple !

④ **Dieu de Jésus Christ,**
nous te bénissons :
tu vas nous donner
le pain qui fait vivre !

Signe grandiose apparu dans le ciel (Ouverture)

V35-83-2; T. : C. Bernard; M. : M. Wackenheim; Bayard Liturgie.

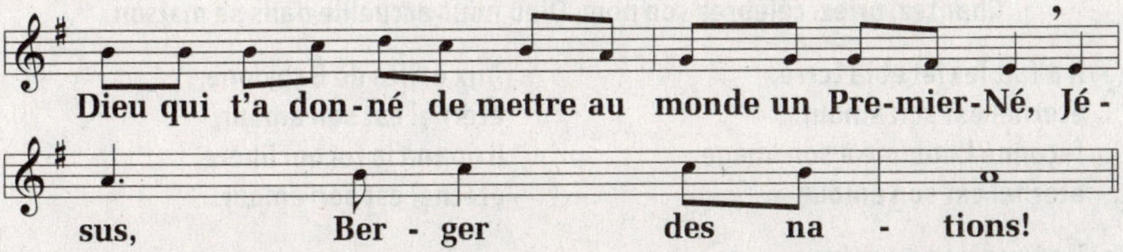

2 Tu as connu, auprès de ton Seigneur,
le temps de la souffrance et du désert.
Béni soit Dieu qui t'a donné
de croire au Fils ressuscité,
Jésus, Sauveur des vivants !

3 Tu as reçu l'Esprit de ton Seigneur ;
son feu se répandra sur l'univers.
Béni soit Dieu qui t'a donné
de voir l'Église se lever ;
Jésus, lui montre la voie !

Chantez, priez, célébrez le Seigneur *(Ouverture)*

A40-73 ; T. et M. : H. Bourel ; ADF-Musique.

Refrain : **Chantez, priez, célébrez le Seigneur, Dieu nous accueille, peuples du monde.
Chantez, priez, célébrez son nom, Dieu nous accueille dans sa maison.**

① Il a fait le ciel et la terre,
éternel est son amour,
façonné l'homme à son image,
éternel est son amour.

② Il sauva Noé du déluge,
éternel est son amour,
l'arc-en-ciel en signe d'Alliance,
éternel est son amour.

③ D'Abraham, il fit un grand peuple,
éternel est son amour,
par milliers fut sa descendance,
éternel est son amour.

④ Il perçut le cri de son peuple,
éternel est son amour,
le guida en Terre promise,
éternel est son amour.

⑤ Aux exilés de Babylone,
éternel est son amour,
il donna la foi qui libère,
éternel est son amour.

⑥ Il a parlé par les prophètes,
éternel est son amour,
sa parole est une promesse,
éternel est son amour.

⑦ Il combla Marie de sa grâce,
éternel est son amour,
il se fit chair parmi les hommes,
éternel est son amour.

⑧ Crucifié, c'est sa vie qu'il donne,
éternel est son amour,
mais le Père le ressuscite,
éternel est son amour.

Pierre, tu es Pierre (Ouverture)

KX221-1 ; T. : D. Rimaud/CNPL ; M. : J. Berthier, ADF – Studio SM.

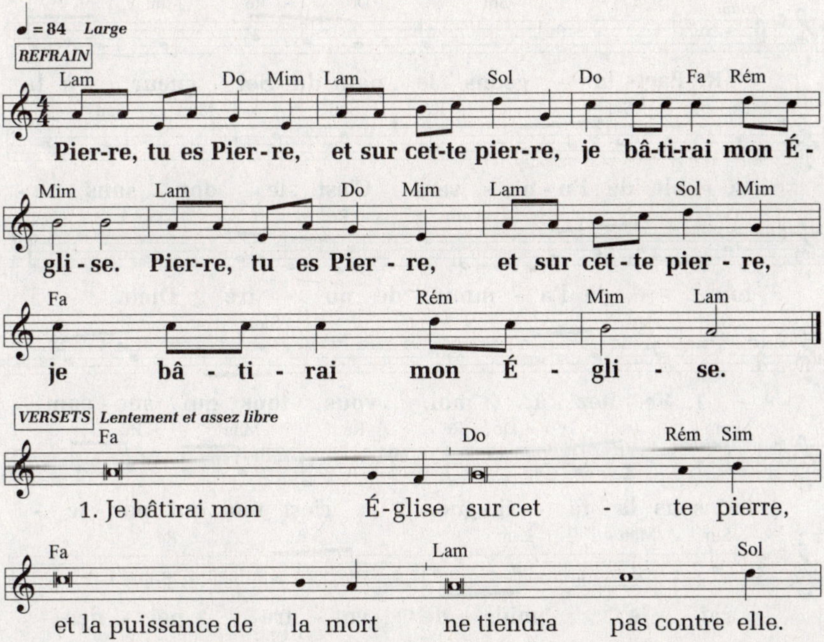

Partageons le pain du Seigneur (Communion)

D39-31 ; T. : J. Hameline ; M. : J. Berthier / Populaire ; Bayard.

Refrain : **Partageons le pain du Seigneur à la table de l'univers.**
C'est le don sans retour de l'amour de notre Dieu.

② **Venez à moi, vous tous qui gémissez sous l'injustice,**
c'est moi qui suis pour vous la loi libératrice.

③ **Venez à moi, vous tous qui trébuchez dans les ténèbres,**
sur vous s'élèvera l'éclat de ma lumière.

④ **Venez à moi, vous tous dont on méprise l'espérance,**
je viens pour relever les humbles qui attendent.

⑤ **Venez à moi, vous tous qui avez faim du don céleste,**
je viens pour partager le pain de votre vie.

⑥ **Venez à moi, vous tous qui cheminez sans but sur terre,**
je viens pour vous montrer la route vers le Père.

⑦ **Venez à moi, vous tous qui convoitez richesse et gloire,**
en moi la pauvreté a trouvé sa noblesse.

⑧ **Venez à moi, vous tous qui avez soif de ma parole,**
en moi vous trouverez la force inépuisable.

Pain donné pour notre vie (Communion)

D32-10; T. : C. Bernard; M. : J.-J. Roux; ADF Musique.

(2) Voici la manne pour ton peuple en chemin,
le pain du ciel reçu des mains du Père.
Qui vient vers toi ne connaîtra plus la faim,
celui qui croit verra des eaux nouvelles.

(3) Nous le croyons, tu es le pain de la vie.
Louange à toi, Seigneur qui nous relèves !
Nous marcherons au long des jours et des nuits ;
nul ne mourra, ce pain nous fait renaître.

Domino Christo Servire *(Action de grâce)*

T. : AELF; M. : T. Ospital; ADF Musique.

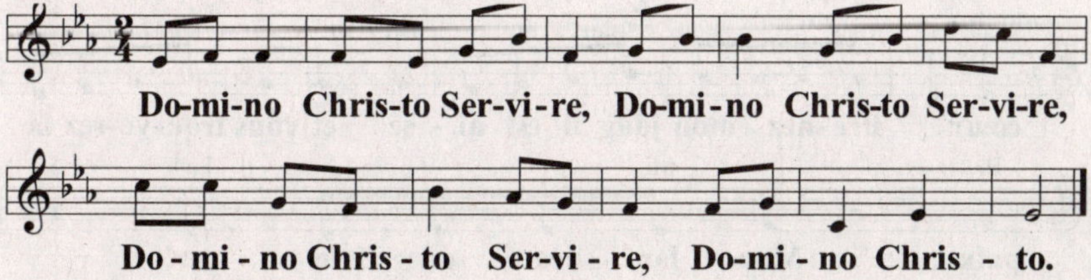

Venez à moi, vous qui portez un fardeau (Action de grâce)

EDIT15-74 ; T. et M. : Chants de l'Emmanuel (M. Wittal) ; Éd. de l'Emmanuel.

② **Devant toi je tiens mon âme,**
comme un enfant dans les bras de sa mère.
Seigneur, mon âme espère en toi !
En silence et dans la foi,
j'espère le Seigneur !

Dieu est en attente

A216 ; T. : C. Singer ; M. : J.-P. Kempf (Chants notés, t. 6) ; SM.

Refrain : **Entrez, Dieu est en attente,**
sa maison est un lieu pour la paix.
Goûtez, Dieu est en partage,
sa table est un lieu pour se donner.

① **Vous êtes le peuple de Dieu :**
pierres vivantes de son Église,
traces brûlantes de son passage,
jetant les grains de l'Évangile.

② **Vous êtes le peuple de Dieu :**
marques vivantes de son visage,
signes visibles de sa tendresse,
portant les fruits de l'Évangile.

③ **Vous êtes le peuple de Dieu :**
fêtes vivantes de sa promesse,
pages ardentes de sa Parole,
jouant les mots de sa musique.

Nous t'avons reconnu, Seigneur (Communion)

D59-24; T. : A. Dumont; M. : M. Wittal, J. Rouquès; Éd. de l'Emmanuel.

② Tu as dit : « Vous ferez cela en mémoire de moi. »
Pain et vin sont consacrés en signe de ton salut.
Ils nous donnent ta vie, ô Christ, en cette communion :
corps livré, sang versé pour nous sauver du péché.

CHANTS POUR L'ORDINAIRE

MESSE DE LOURDES

Préparation pénitentielle

AL23-23 ; M. : J.-P. Lécot et P. Décha ; Bayard Liturgie.

Gloire à Dieu

AL189 ; T. : AELF ; M. : J.-P. Lécot ; Lethielleux.

Glo - ri - a, glo - ri - a, in ex - cel - sis De - o!
1. Paix sur la terre aux hommes qu'il aime.
2. Seigneur, Fils unique, Jésus Christ, Seigneur Dieu, Agneau de Dieu, le Fils du Père;
3. Car toi seul es saint,
1. Nous te lou- ons, nous te bénis- sons, nous t'ado- rons,
2. toi qui enlèves les péchés du monde, prends pitié de nous;
3. toi seul es Sei- gneur,
1. nous te glori- fions, nous te rendons grâce, pour ton immense
2. toi qui enlèves les péchés du monde, re - çois notre pri -
3. toi seul es le Très- Haut: Jésus Christ, avec le Saint-Es -
1. gloire, Seigneur Dieu, Roi du ciel, Dieu le Père tout-puis - sant.
2. ère; toi qui es assis à la droite du Père, prends pitié de nous.
3. prit dans la gloire de Dieu le Père. A- men.

Saint le Seigneur

A168 ; M. : J.-P. Lécot ; Lethielleux.

Agneau de Dieu

AL23-14 ; M. : P. Décha ; Bayard Liturgie.

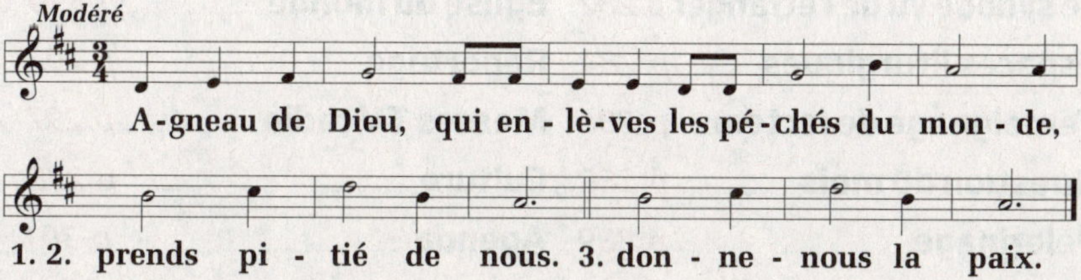

LES RENDEZ-VOUS D'AOÛT 2023

SOMMAIRE

ÉDITORIAL

Les étoiles d'août

En ce mois propice à l'observation du ciel… allons-nous contempler les étoiles ? Avec Baudouin et Florence qui se rendent au Pèlerinage national à Lourdes, nous sommes éclairés par la lumière de la charité. De par le désir de service de l'un et la joyeuse acceptation de l'autre, ce tandem allume des étoiles de complicité et d'amitié. Sœur Emmanuelle identifie une autre étoile de l'été : le pardon, mis en évidence dans les prières eucharistiques pour la réconciliation. Scrutant ces trésors de la liturgie, elle nous dévoile que la réconciliation est une des facettes du salut. Lorsque notre relation à Dieu est ternie, lui-même fait toujours le premier pas pour nous rétablir dans sa lumière.

Le diacre permanent Jean-Marc nous confie une étoile spirituelle : son cahier de pépites de prières où il reco pie les phrases qui le touchent dans sa lecture quotidienne des Écritures. Ses notes guident son service de la Parole. Parmi les étoiles, il y a Marie en son Assomption. Mais, comme le note le père André : « On aurait tort de regarder Marie comme une étoile fugace et inaccessible. C'est plutôt sa destinée que nous sommes invités à contempler. » À vos longues-vues ! ■

Karem Bustica
Rédactrice en chef de Prions en Église

« Dieu fait toujours le premier pas pour nous rétablir dans sa lumière. »

LES ANGES DANS LES ÉCRITURES

Jacques Nieuviarts, prêtre assomptionniste

Inlassable présence de Dieu

Dans certains passages des évangiles de Matthieu et Luc, les anges sont très présents aux côtés de Jésus.

Pendant la vie publique de Jésus, la présence des anges est plus discrète que dans les premiers chapitres des évangiles de Matthieu et Luc. Ils sont évoqués surtout dans le récit des tentations de Jésus au désert, et cela sous deux formes très différentes. Le récit qu'en fait Marc est très sobre, tout tient en une ligne : « Aussitôt [après le baptême] l'Esprit pousse Jésus au désert et, dans le désert, il resta quarante jours, tenté par Satan. Il vivait parmi les bêtes sauvages, et les anges le servaient » (Mc 1, 12-13). On ne peut faire plus bref. Les anges sont donc serviteurs de Jésus au cœur de l'épreuve des tentations, représentée par les bêtes sauvages. Ils servent Jésus. Le récit de Matthieu déploie cette évocation en un triptyque solennel qui est dans toutes les mémoires, notamment celle des peintres. Comme chez Marc, Jésus est conduit au désert par l'Esprit après le baptême « pour être tenté par le diable » (Mt 4, 1), c'est-à-dire le diviseur, qui l'invite à changer les pierres en pains, puis l'emmène au sommet du Temple : « Si tu es Fils de Dieu, jette-toi en bas ; car il est écrit : *Il donnera pour toi des ordres à ses anges, et : Ils te porteront sur leurs mains, de peur que ton pied ne heurte une pierre* » (Mt 4, 6). Le diable connaît bien les Écritures (cf. Ps 90, 11) pour mieux les tordre, comme les ennemis de Jésus au pied de la Croix (cf. Mt 27, 42-43, qui cite Sg 2, 13-20). Jésus cite le même passage, mais tout autrement, au jardin des Oliviers, quand ses disciples veulent recourir à la force pour le défendre. Son Père pourrait à l'instant lui envoyer des « légions d'anges » (Mt 26, 53) pour le protéger ! Mais il avance sur son chemin d'humanité, qui apporte aux hommes le salut de Dieu.

Dans la Bible, la présence des anges signifie toujours la proximité de Dieu pour les hommes.

Ainsi dans la vie de Jésus les anges sont-ils présents. Et nous observons ici encore une constante essentielle dans la Bible : la présence – souvent imagée – des anges signifie toujours la proximité de Dieu pour les hommes, de même pour Jésus dans sa vie d'homme – et aussi pour nous. L'évangéliste Luc l'exprime avec délicatesse dans son récit de la Passion lorsqu'il mentionne, lors de l'agonie de Jésus au jardin des Oliviers, la présence d'un ange qui « du ciel, lui apparut et le réconfortait » (cf. Lc 22, 43). Discrète et inlassable présence de Dieu dans chacune de nos vies. ■

Anne Lécu, dominicaine

Joakim, l'époux de Suzanne

Joakim est riche. Mais ses biens ne lui sont d'aucun secours face à la calomnie contre Suzanne, sa belle et intègre épouse. Le courage et la foi de Daniel sauvent la jeune femme qui implore le Seigneur.

L'histoire est racontée dans le chapitre 13 du livre de Daniel. Joakim a épousé une très belle femme, Suzanne, que tout le monde apprécie. C'est un homme riche, dont on ne sait rien. D'elle, on sait que ses parents l'ont élevée dans la droiture. Comme le couple est riche, il a du personnel, ainsi qu'un grand jardin attenant à la maison, où Suzanne aime se promener.

Deux vieux juges, notables très importants, fréquentent la maison de Joakim et son jardin. Ils ont repéré Suzanne et ensemble décident de fomenter un complot pour abuser d'elle. Un jour de grande chaleur, la jeune femme décide de prendre un bain dans le jardin, demande à ses servantes de fermer la porte et de la laisser. Les deux vieillards, cachés, lui sautent dessus et lui ordonnent de coucher avec eux, faute de quoi ils diront l'avoir surprise avec un amant. Elle refuse, crie, se débat, et le malheur arrive : ils l'accusent et disent l'avoir surprise avec un homme qui s'est enfui. Comme ils sont deux (faux) témoins, ils sont crus. Et elle se retrouve accusée devant sa famille, condamnée à mort devant tous. Elle supplie le Seigneur de lui venir en aide, et – tout le monde n'a pas cette chance – le jeune prophète Daniel va se lever. Il interroge séparément les deux hommes et les confond de faux témoignage en sauvant ainsi Suzanne.

Mais où est passé Joakim dans toute cette histoire ? Pourquoi ne dit-il rien ? Pourquoi ne vient-il pas prendre la défense de son épouse ? N'est-il pas lui-même pris de doute, humilié, car l'histoire fait grand bruit ? A-t-il si peu confiance en ...

© Gaétan Évrard

Première Alliance

« Helkias et sa femme louèrent Dieu au sujet de leur fille Suzanne, avec Joakim son mari et tous leurs proches, parce qu'il ne s'était trouvé en elle rien de répréhensible. »

Daniel 13, 63

… sa femme, alors que le narrateur ne relate aucune ombre dans le couple ? L'insistance du texte sur la richesse de Joakim nous donne matière à penser. A-t-il « acquis » son épouse comme un bien parmi d'autres ? Le texte ne le dit pas, au contraire, l'homme se réjouit de l'issue favorable de l'histoire. Peut-être, plutôt, sommes-nous invités à méditer sur le fait que les richesses ne protègent pas des malheurs. Les grands biens de Joakim ne peuvent pas venir en aide à Suzanne. Joakim est surtout muet de détresse, peut-être habitué à résoudre les problèmes par son assise sociale qui, là, ne lui sert plus à rien. En revanche, le courage de Daniel et la parole de vérité qui ne craint pas de mettre en cause les notables sont d'un plus grand secours pour Suzanne que les richesses de son mari. Mais il faut pour cela une authentique liberté intérieure, qui se cultive surtout dans la foi et dans l'assurance que le Seigneur est juste. ■

Nouvelle Alliance

« Elle est vivante, la parole de Dieu, énergique et plus coupante qu'une épée à deux tranchants; […] elle juge des intentions et des pensées du cœur. Pas une créature n'échappe à ses yeux […]; nous aurons à lui rendre des comptes. »

Hébreux 4, 12-13

Emmanuelle Billoteau, ermite

Se laisser réconcilier

La réconciliation est une thématique qui parcourt toute la Bible et la liturgie. Arrêtons-nous sur la 2e prière eucharistique pour la réconciliation.

La prière eucharistique pour la réconciliation II (*Missel romain*, « L'ordinaire de la messe ») peut être utilisée en différentes circonstances : en temps de conflits ou chaque fois que cette question se fait sentir de manière plus aiguë comme pendant le Carême. La réconciliation est une des facettes du salut. Elle suppose ses contraires : le désaccord, le différend, la discorde, la désunion, la rupture… – avec les sentiments qui leur sont associés d'agressivité, de haine, de rancune, de jalousie… Réalités que l'Écriture et la liturgie n'occultent pas au nom d'un idéal. Ainsi la Genèse nous présente une première rupture avec Dieu dont découlent des relations altérées entre : l'homme et la femme (Gn 3) ; Caïn et Abel (Gn 4) ; Joseph et ses frères (Gn 37) ; les peuples (Gn 14). Toutes choses sur lesquelles la Bible nous invite à travailler en nous•••

… rappelant qu'il ne s'agit pas d'une fatalité, nous révélant aussi qu'en ce qui concerne notre relation à Dieu, lui-même fait toujours le premier pas – jusqu'à nous envoyer son Fils.

Au-delà de nos seules forces humaines

Cette prière eucharistique débute par une action de grâce dont le motif est « l'œuvre » que Dieu accomplit « dans ce monde, par notre Seigneur Jésus, le Christ. Au sein de notre humanité encore désunie et déchirée ». Ce qui renvoie à Paul, lequel présente le Christ comme celui qui nous a réconciliés avec Dieu (cf. 2 Co 5, 18). L'œuvre de Dieu consiste donc à « changer les cœurs et à les préparer à la réconciliation ». Si Dieu est à l'origine de notre démarche, rien ne se fait sans nous, sans notre désir de pardonner, de sortir de notre posture défensive pour permettre à notre agresseur d'« aller » son chemin et ne pas le retenir dans les filets de notre haine ou de notre ressentiment – aussi justifiés puissent être ces sentiments, car l'irréparable existe. Les affirmations qui précèdent, notons-le, viennent d'un savoir expérimental, d'où l'importance pour chacun d'être attentif, dans le recueillement et la prière, à ses motions intérieures, à ses désirs naissants et fragiles qui témoignent d'une amorce de changement.

Puis, l'action de grâce mentionne l'Esprit, fruit de la Pâque du Christ : « Ton Esprit travaille le cœur des hommes : pour que les ennemis se parlent à nouveau, les adversaires se tendent la main, et que les peuples cherchent à se rencontrer. » L'Esprit n'est-il pas « l'amour […] répandu dans nos cœurs » (Rm 5, 5), celui qui nous unit au Christ ? Si la haine, la vengeance, la discorde peuvent céder la place à l'amour, au pardon et à l'amitié, ce ne peut être que l'œuvre de Dieu. L'action concertée de la Trinité est, dans cette partie de la prière, fortement soulignée : Père ; Fils et Esprit agissent de concert, chacun selon sa particularité. Car la réconciliation est au-delà de nos seules forces humaines.

Si la haine, la vengeance, la discorde peuvent céder la place à l'amour, au pardon et à l'amitié, ce ne peut être que l'œuvre de Dieu.

Après le Sanctus, la prière ne se centre plus d'abord sur la réconciliation entre nous, mais sur la réconciliation avec Dieu et le rôle du Christ dans ce processus : « Père tout-puissant, nous te bénissons par Jésus Christ […] Il est la Parole du salut pour les hommes, la main que tu tends aux pécheurs, le chemin par où nous arrive la paix que tu donnes. » Des formulations simples dans lesquelles nous reconnaissons l'évangile de Jean avec l'identification du Fils à la Parole (cf. Jn 1) et la symbolique du Chemin (Jn 14). La main évoque l'icône de la descente aux enfers dont le Christ tire Adam et Ève. La suite met en lien le fait de se détourner de Dieu et le repli sur soi qui éloigne des autres. Car c'est dans un même mouvement de réconciliation que nous nous rapprochons de lui et de nos semblables. Sans oublier de nous réconcilier avec nous-mêmes, ce que la prière n'évoque pas, mais dont nous savons l'importance. ■

Des témoins du synode sur la synodalité – qui poursuit son chemin dans sa phase continentale – nous racontent ce qui se vit dans leur pays.

Consulter et contribuer

DR

Felix Roca est prêtre du diocèse de Iasi (Roumanie), dans le nord-est du pays et curé de la communauté Cœur Immaculé de Marie à Roman. Référent pour le parcours synodal diocésain, il a accompagné de près la phase diocésaine du synode sur la synodalité.

ROMAN, ROUMANIE « La vaste consultation du synode dans le diocèse de Iasi a été providentiellement anticipée par le questionnaire "Votre voix dans l'Église". Le but de l'enquête était de connaître le niveau de participation des fidèles du diocèse à la vie pastorale et d'identifier les facteurs les rapprochant ou les éloignant de l'Église. Grâce à ce sondage, les jeunes ont pu aussi exprimer leurs attentes : une plus grande compréhension de leur vie d'aujourd'hui, un contact simplifié avec les prêtres ou l'Église ou encore une meilleure implication dans les activités de la paroisse.

Ce processus synodal dans le diocèse a été enrichi par les catéchèses de Mgr Iosif Paulet pendant l'Avent et le Carême. Chaque catéchèse se terminait par des exhortations et des questions concrètes pour contribuer à une réflexion plus approfondie. Dans l'une d'elles, Mgr Iosif Paulet disait : "La place de chaque baptisé dans l'Église est significative [...]. Si notre part manque, c'est comme s'il manquait une brique dans un mur ! C'est pourquoi ce voyage synodal insiste pour que nous contribuions tous au renouveau de l'Église."

Pour la Journée diocésaine de la jeunesse, plus de 1 600 jeunes ont réfléchi ensemble sur certains thèmes synodaux. Citons aussi la série d'émissions "Boussole du synode" sur Radio Ercis FM, pour décrypter la méthode et les objectifs du synode, ainsi que des articles de haut niveau dans des publications catholiques et les médias.

Les groupes synodaux paroissiaux ont parcouru les dix thématiques du document de travail *Instrumentum laboris*. À partir de celles-ci, le diocèse de Iasi a établi quatre directions prioritaires : la formation des agents pastoraux (animateurs, prêtres, catéchistes, conseils pastoraux, etc.) afin de faire grandir et mûrir la foi et l'actualisation de la catéchèse d'initiation chrétienne ; l'accompagnement pastoral et communautaire et l'élaboration de nouveaux parcours pour le discernement vocationnel et l'accompagnement spécifique dans les situations de crise ; l'accroissement de la communion ecclésiale en renforçant le sentiment d'appartenance à la communauté paroissiale par la mise en valeur des charismes ; le témoignage courageux et respectueux en encourageant l'engagement actif et en vivant l'Évangile de façon cohérente, joyeuse et enthousiaste au milieu du monde. » ■

Propos recueillis par **Gica Paulet**

Vencelas Deblock, prêtre du diocèse de Cambrai, historien de l'art

La proclamation de la Parole

Dans une église, la qualité de l'écoute est essentielle. Les moyens mis en œuvre à travers l'histoire pour la favoriser trouvent aussi leur origine dans la foi au Christ, lequel se donne à une seule et même table.

Quel prêtre n'a jamais entendu ces mots : « À la messe, on ne vous entend pas bien » ? La question témoigne d'une nécessité première dans la liturgie : bien entendre la Parole. L'Église s'est intéressée aux techniques disponibles à chaque époque pour obtenir la meilleure qualité de son. Souci de l'acoustique, position surélevée ou micro répondent à la même nécessité : favoriser l'écoute. Pourtant, la recherche d'efficacité ne suffit pas à expliquer l'histoire des dispositifs destinés à la proclamation. Leur existence même s'enracine dans la dignité et la beauté de la Parole, don de Dieu pour la vie de l'Église.

Dès les premières églises, des tribunes ornées, probablement dérivées de la synagogue, sont repérables. Elles sont souvent deux, l'une pour l'Ancien Testament, l'autre pour le Nouveau. C'est le cas de l'aménagement de la basilique Saint-Clément à Rome. Les jubés médiévaux reprennent cette distinction : la Parole est proclamée depuis deux pupitres placés en haut du jubé. Avec la Contre-Réforme, aux XVIe et

XVIIe siècles, les jubés tendent à disparaître au profit d'ambons, pupitres plus ou moins mobiles, intégrés à l'espace du chœur. Pour la première fois, l'autel et le lieu de la Parole sont visibles par l'assemblée. C'est aussi l'époque où apparaît un meuble nouveau : la chaire de vérité, souvent placée en surplomb de l'assemblée, sur le côté. Toutefois, cette tribune surplombée d'un abat-voix ne servait pas à la proclamation de la Parole, mais à la prédication. Un crucifix lui faisait face, rappelant au prédicateur la source de son enseignement.

La réforme liturgique du XXe siècle et le concile Vatican II entraînent deux évolutions majeures. Alors que la Parole était répartie en trois points, dévolus à l'épître, à l'évangile et à l'homélie, elle est désormais concentrée en un seul lieu, l'ambon, destiné à la proclamation de tout texte biblique et de son commentaire. L'unicité de la Parole est ainsi rendue visible, centrée sur l'évangile, solennisée par la cantillation, l'encensement et le recours aux cierges. Les nouveaux aménagements s'efforcent de lier de façon visible l'ambon et l'autel, par une conception et un décor similaires, afin de signifier que le Seigneur se donne par sa parole et par le Pain de vie à une seule et même table. Ainsi le soin apporté à l'ambon comme à l'autel exprime notre foi au Christ, qui est la parole de Dieu faite chair. ■

Ambon, église Saint-Ambroise, Paris (XIe).

© Corinne Simon

Propos recueillis par **Frédéric Pascal**, journaliste

Parole de Dieu, rencontres et nature

Jean-Marc Franchellin, 68 ans, est diacre du diocèse de Grenoble (38) et abonné à « Prions en Église » depuis vingt ans. Sa prière se nourrit de trois éléments aussi importants : la parole de Dieu, les rencontres et la nature.

« Je relis ces mots dans mon cahier : "Le parfum embaume en dehors du flacon." Chaque jour depuis cinq ans, j'y recopie les phrases qui me touchent dans ma lecture de *Prions en Église*. C'est maintenant un gros cahier qui regorge maintenant des pépites accumulées au fil de mes prières. Elles inspirent mes paroles, dans ma mission de diacre. Je replonge dans ces notes lorsque je dois faire une homélie, avant d'écrire une lettre ou en priant pour ou avec quelqu'un. Chaque matin avec Agnès mon épouse, après nous être mis à l'écoute de la parole de Dieu en priant les laudes et les complies dans l'application *Prions en Église*, nous faisons la liste des personnes pour qui prier. Il y a toutes celles que l'on rencontre, pour ma part : les catéchumènes, les parents d'enfants qui vont être baptisés, les futurs mariés, les familles endeuillées, mais aussi les personnes détenues rencontrées durant mes

© Sandrine Martin

douze années d'aumônier et avec qui, pour certaines, je continue de correspondre. En chaque personne, il y a une part d'intimité que seul Dieu peut pénétrer. Dans nos échanges, j'essaie d'orienter mon interlocuteur vers cette intimité. Relire mes "cahiers de pépites" m'aide à trouver les mots. Ces rencontres habitent mes journées et mes prières. J'ai la chance de vivre à la campagne : chaque jour, je marche, suivant toujours le même circuit. Çà et là, je pose des croix faites de morceaux de bois trouvés en chemin et, quand j'arrive à tel endroit, je passe à un autre temps de ma prière. C'est ma prière routinière, ma liturgie du chemin. Face au paysage qui défile lors de mes sorties à vélo, surtout dans les montées, en pensant à des situations particulières, je récite des Je vous salue Marie. Cela peut durer si le col est long ! Arrivé au sommet, je suis rempli d'émotions, à en pleurer parfois, par l'effort, la beauté des paysages et ma prière. »

QUESTION DU MOIS

Pourquoi se marier en blanc ?

Les professionnels de la mode tentent de faire évoluer la robe de mariée (ensemble pantalon, robe de couleur) mais à part pour quelques anticonformistes, la robe blanche résiste. En nos pays occidentaux, le XIXe siècle, avec le mariage de la reine Victoria et du prince Albert en 1840, a durablement marqué les esprits. L'Église et les mentalités voyaient dans ce blanc le signe de la pureté et de la virginité de la future épouse.

Aujourd'hui, l'Église n'impose rien mais peut éclairer le choix des couples. Dans le champ symbolique, le blanc marque le passage d'un état à un autre : ainsi, le vêtement blanc du baptême et le linceul. La Bible souligne l'opposition du blanc aux ténèbres; elle associe le blanc au mystère divin (cf. la Transfiguration de Jésus, le linceul du Vivant) et à la joie céleste, ainsi qu'à la Vierge Marie. Le nouveau baptisé, devenu « dans le Christ, une créature nouvelle » (cf. 2 Co 5, 17), est revêtu de blanc pour vivre en ressuscité.

Ce vêtement blanc du baptisé peut donc théoriquement être porté à chaque étape de sa vie chrétienne. Puisque tout sacrement prend appui sur le baptême, il est bon de le vivre en blanc. Pour le mariage entre deux baptisés, cette couleur de la vie nouvelle n'est donc pas réservée à l'épouse, elle a tout son sens également pour l'époux. ■

Michèle Clavier,
théologienne

LE RHIN DES CATHÉDRALES

Se préparer à Noël

De Strasbourg, surnommée la « capitale de Noël », jusqu'à Amsterdam aux Pays-Bas, nous découvrirons les merveilleux marchés de Noël et des grands lieux de prières de la vallée du Rhin. Tous les jours nous méditerons les textes des Écritures qui conduisent à contempler l'enfant Jésus, nous ferons des lectures d'œuvres d'art et… nous chanterons les airs de Noël dont les mélodies réchauffent le cœur ! ■ **Sébastien Antoni,** *prêtre assomptionniste*

PRATIQUE **Du 12 au 17 décembre 2023.** Une sélection **"Prions en Église"** et **"Le Pèlerin"** organisée par Rivages du monde.
Renseignements et inscriptions : 01 83 79 80 79 ou www.rivagesdumonde.fr

Édouard et Laure Castellan, volontaires de la DCC
et de l'association Saint-Camille-de-Lellis en Côte d'Ivoire

Réalités de l'église ivoirienne

« Arrivant en Côte d'Ivoire, nous étions curieux de découvrir l'inculturation de l'Église, que nous connaissons en France, dans ce pays. Nous n'avons pas tellement été surpris par certains aspects comme les références religieuses très présentes dans la vie quotidienne (expressions, inscriptions sur les taxis ou commerces), la très grande fréquentation de la messe dominicale avec musique africaine, ses instruments locaux, ses chants dans la langue de l'ethnie, l'assemblée assise pendant la proclamation de l'Évangile, le clergé plus nombreux qu'en France. Mais nous avons découvert d'autres particularités auxquelles nous ne nous attendions pas : la dévotion pour Lourdes (de nombreux lieux catholiques ont leur réplique miniature de la grotte), l'importance que garde la récitation habituelle du chapelet que chacun a sur lui, l'adoration eucharistique chaque jeudi, toute la journée, dans de nombreuses églises, mais aussi, selon ce qui nous est dit, un déclin des vocations religieuses, hors séminaires, et l'importance des quêtes en tous genres ! Bref, une Église en chemin, comme la nôtre en France. » ■

DCC / E. et L. Castellan

Ci-dessus : avec les évêques de Côte d'Ivoire dans la cathédrale Sainte-Thérèse-de-l'Enfant-Jésus, Bouaké (Côte d'Ivoire). Ci-contre : au monastère bénédictin Sainte-Marie, Bouaké (Côte d'Ivoire).

Anne-Quitterie Jozeau, journaliste

Deux amis vont à Lourdes

Du 11 au 16 août, Baudouin Fleitour et Florence de Pontbriand effectuent ensemble le Pèlerinage national de Lourdes, lui comme hospitalier et elle comme personne handicapée. Après s'y être rendu de nombreuses fois, Baudouin a convaincu Florence de retourner prier la Vierge Marie en retrouvant d'autres pèlerins, aujourd'hui devenus des amis.

« Lourdes a augmenté la foi que j'avais en la Vierge Marie », confie Florence, 46 ans, une cigarette à la bouche, assise dans son fauteuil électrique à l'abri de la pluie printanière. Cette femme victime d'un accident de cheval, il y a plus de 20 ans, vit aujourd'hui à Vanves (Hauts-de-Seine), dans une maison partagée de l'association Simon de Cyrène, avec des personnes valides et d'autres devenues handicapées au cours de leur vie. C'est grâce à cette habituée du Pèlerinage national de Lourdes que Baudouin, 33 ans, a entendu parler pour la première fois de l'association et qu'il y travaille désormais.

Le binôme attendait depuis plusieurs mois le Pèlerinage national, et en particulier les moments conviviaux vécus avec les autres pèlerins, malades comme hospitaliers. Veillées en étage, « pots » en tous genres, processions, jeux, discussions, concerts improvisés à l'étage de l'accueil Saint-Frai, etc. C'est à Lourdes que le jeune homme hospitalier a vécu ce qu'il appelle sa « deuxième conversion, celle que j'ai choisie », confie-t-il pensif, en tirant sur sa cigarette électronique. C'était au lycée. Depuis, Baudouin s'efforce de ne pas rater un seul Pèlerinage national. Florence, quant à elle, a découvert Lourdes pour la première fois à l'âge de 8 ans, grâce à sa tante. Après son accident, c'est sa mère qui l'a inscrite à un Pèlerinage national.

© Ulrich Lebeuf / M.Y.O.P

Pèlerin et hospitalier lors de la procession aux flambeaux.

Une chose est sûre, les deux amis nourrissent une dévotion commune envers la Vierge Marie. Cela fait plus de dix ans qu'ils se connaissent : une vraie complicité est née entre eux. Entre deux taquineries, ils énumèrent les valeurs chrétiennes, promues à Lourdes, que Baudouin essaie de « mettre en pratique dans la vie quotidienne : le service, la bienveillance, la joie, l'entraide, ...

... l'écoute, l'authenticité ». L'air grave, Florence ajoute « et la fidélité envers nous, les malades ». La quadragénaire apprécie tisser des liens d'amitié avec les hospitaliers qui reviennent chaque année. Tous deux admirent en particulier Anne-Sophie, une jeune mère de famille responsable de leur étage, qui « donne envie de servir par son sourire et sa gentillesse ». « Le Pèlerinage national m'a tellement donné. Lourdes constitue une grande partie de ma vie. J'ai hâte de continuer à vivre ces moments qui me touchent énormément, comme la messe du 15 août, l'adoration et le sacrement des malades », déclare Baudouin, qui, en plus de tous ces moments forts, a soif de « découvrir autre chose cette année ». Pour Florence, la veillée des jeunes constitue un incontournable : là, grâce à la participation d'un groupe de pop-louange, « tout le monde chante et prie ensemble », s'émerveille-t-elle, le sourire aux lèvres. ■

Un double anniversaire

Le Pèlerinage national de Lourdes fête ses 150 ans cette année. C'est en 1873, à l'initiative de deux assomptionnistes ayant créé l'association Notre-Dame de Salut, qu'a lieu le premier Pèlerinage national à Lourdes. L'idée est d'inviter les chrétiens à entrer dans une démarche habituelle de pèlerinage. C'est également en 1873 que voit le jour le bulletin de liaison entre les pèlerins du sanctuaire : il s'agit du *Pèlerin*, l'hebdomadaire que nous connaissons aujourd'hui.

Informations communiquées sous réserve de modifications. Renseignez-vous avant de vous rendre aux endroits indiqués.

LE JOUR DU SEIGNEUR – FRANCE 2

6/8 10 h 30 : messe en direct des Journées mondiales de la jeunesse, Lisbonne (Portugal). Prédicateur : pape François.

13/8 11 heures : sanctuaire Notre-Dame de Lourdes, Lourdes (65). Prédicateur : Mgr Laurent Ulrich, archevêque de Paris.

15/8 11 heures : messe de l'Assomption, en direct depuis la Belgique. Lieu et prédicateur : *informations non confirmées*.

20/8 11 heures : messe « à ciel ouvert » depuis la grotte Notre-Dame de Lourdes, Val-de-Moder (67). Prédicateur : P. Denis Ledogar, assomptionniste.

27/8 11 heures : messe « à ciel ouvert » depuis la chapelle Notre-Dame du Yaudet, Ploulec'h (22). Prédicateur : Fr. Benoît Dubigeon, franciscain.

FRANCE CULTURE (10 heures)

6/8 Abbaye-aux-Dames, Saintes (17). Prédicateur : P. Guillaume Salin.

13/8 Église Notre-Dame de l'Assomption, Malicorne (89). Prédicateur : P. Richard Kaboré.

15/8 Église Notre-Dame de l'Assomption, Malicorne (89). Prédicateur : P. Joël Rignault.

20/8 Église Saint-Pierre, Faverges-Seythenex, (74). Prédicateur : P. Laurent Cros.

27/8 Chapelle Notre-Dame de la Médaille miraculeuse, Paris (VIIe). Prédicateur : Fr. Benoît Vandeputte, dominicain.

LIVRES

LA SÉLECTION DE PANORAMA

Sermons aux oiseaux

Frère François Cassingena-Trévedy, Albin Michel, 296 p.

Qu'elle est vivifiante, la plume du frère François Cassingena-Trévedy ! Normalien, moine, spécialiste de la tradition liturgique, il propose des homélies inspirées du Sermon aux oiseaux de François d'Assise. Il nous plonge dans des thèmes tels que la joie ou l'attente, au rythme des textes proposés par la liturgie. Un livre qui se picore avec délectation. ■

Guillemette de Préval

Les racines juives de Marie

Brant Pitre, Artège, 240 p.

Que peut-on écrire sur la mère du Messie quand la Bible l'évoque si peu ? Sous la forme d'une passionnante enquête, Brant Pitre, spécialiste de l'Écriture sainte, a relevé le défi. Très tôt confronté aux questions de son entourage évangélique sur sa foi mariale, l'auteur catholique et américain a trouvé dans les écrits disponibles le point de départ d'autres interrogations ! Cette patiente recherche nourrit ce livre, best-seller aux États-Unis.

Au nom de Dieu, je vous le demande

Pape François, Artège, 162 p.

Pour l'anniversaire de son pontificat, le Saint-Père nous redit son espérance pour le monde qui vient. Dix ans, dix pistes sous forme de demandes à Dieu : arrêt de la guerre ; accès aux soins de santé ; protection des personnes vulnérables contre les abus… Chaque appel est étayé de versets bibliques, de citations d'écrivains, d'extraits de textes pontificaux ou encore de données sourcées. Un texte inspirant pour « nous mettre au travail ». ■

Véronique Jollé

Vue de la salle du *Message Biblique*

Chagall et moi ! Les 50 ans du musée Chagall

Pour son 50e anniversaire, le musée Marc-Chagall, à Nice, invite des personnalités (artistes, écrivains, danseurs, musiciens…) à partager leur lecture contemporaine des œuvres de cet artiste qui décrivait la Bible comme « la plus grande source de poésie de tous les temps ». C'est l'occasion de (re)découvrir le musée qu'a voulu Marc Chagall (1887-1985) pour accueillir son cycle intitulé *Message Biblique,* peint entre 1956 et 1966, soit dix-sept tableaux illustrant la Genèse, l'Exode et le Cantique des cantiques. ■

Hélène Roquejoffre, *Le Monde de La Bible*

Jusqu'au 8 janvier 2024 – Musée national Marc-Chagall – Avenue du Docteur Ménard 06000 Nice. www.musees-nationaux-alpesmaritimes.fr/chagall/

NOS ACTUS

Vos prières à Lourdes

Prions en Église sera à Lourdes du 11 au 16 août pour le Pèlerinage national. Le 14 août à 18 heures, devant la grotte, la rédaction confiera à l'intercession de Notre Dame de Lourdes toutes vos intentions de prière ainsi que celles des pèlerins présents sur place. Vous pourrez partager avec nous, en *live,* ce temps de prière sur la page Facebook de *Prions en Église.* ■ **Amandine Boivin**

Envoyez vos intentions, pour cette occasion, en ligne sur prionseneglise.fr/e-pelerinage-lourdes ou voir page 12.

CD

Chercher avec toi, Marie

Jean-Claude Gianadda

ADF Musique

Ce double album rassemble 32 chants de Jean-Claude Gianadda dédiés à la Vierge Marie. Quoi de plus naturel pour un enfant de Marseille que de se tourner vers la Bonne Mère (Notre-Dame de la Garde) ? Des chansons à l'atmosphère sereine qui invitent à la prière.

Dernière escale

Patrick Richard

ADF Musique

Après 40 années de chansons (dont certaines ont fait le tour du monde) et avant de retrouver Brest, son port d'attache, pour sa dernière escale, Patrick Richard est venu s'amarrer à Saint-Malo pour un dernier concert. Un témoignage de ce moment intense. ■

Dominique Pierre, rédacteur en chef de *Chantons en Église*

NUMÉRIQUE

Les saints patrons des JMJ

En communion avec les jeunes pèlerins réunis dans la capitale portugaise, l'application *Prions en Église* propose une prière inédite sur les saints patrons des Journées mondiales de la jeunesse de Lisbonne : Jean Bosco, Carlo Acutis, Jean-Paul II, Chiara Luce, Marcel Callo, Giorgio Frassati, Marie-Claire de l'Enfant-Jésus, João Fernandes, Jeanne de Portugal, Jean de Britto, Barthélemy des Martyrs, Antoine de Padoue… ■

Sébastien Antoni

Sur Google play et l'App store

Informations communiquées sous réserve de modifications.

PÈLERINAGE NATIONAL
Du 11 au 16 août
150 ANS

Grand Nord-Ouest

REDON (35)

DU DIMANCHE 13 AU SAMEDI 19

Retraite en silence

Au moment de l'Assomption, une retraite pour laisser se déployer les mille facettes de la prière mariale. Avec Mgr Michel Dubost, évêque émérite d'Évry-Corbeil-Essonnes.
02 99 71 11 46
secretariat@larochedutheil.com
www.larochedutheil.com

SAINT-CYR-SUR-LOIRE (37)

DU DIMANCHE 20 AU SAMEDI 26

Retraite

Cinq jours de retraite accompagnée sur le thème : « Appelés à partager la sainteté de Dieu, c'est le chemin que Jésus est venu ouvrir dans notre humanité. » Animée par Jean-Luc Ragonneau, jésuite au centre spirituel Sainte-Ursule.
02 47 88 46 00
ursule-tours.cef.fr

SOLIGNY-LA-TRAPPE (61)

DU SAMEDI 26 AU MERCREDI 30

Stage reliure

Réaliser son livre créatif, se relier à soi, aux autres, à Dieu, et retrouver ses racines. Au rythme de la prière monastique de l'abbaye cistercienne. Par Claire Bellet-Odent, experte dans l'art de la reliure et doctorante en théologie.
06 99 76 12 28
www.reliure-traditionnelle.com

Grand Nord-Est

MOUVAUX (59)

DU VENDREDI 4 AU DIMANCHE 13

Session

Par des exercices contemplatifs avec le nom de Jésus, vivre une expérience de simple présence à Dieu. Avec Ursula Fertin, accompagnatrice spirituelle, et Marie-Paule Preat, sœur du Sacré-Cœur-de-Jésus.
03 20 26 09 61
www.hautmont.org

JOIGNY (89)

DU MARDI 15 AU LUNDI 21

Retraite 18-35 ans

Le parcours « Feeling ...

… God » est une proposition pour les 18-35 ans qui veulent « sentir et goûter » la présence de Dieu dans leur vie. Retraite d'initiation aux *Exercices spirituels,* en partenariat avec le réseau Magis.
03 86 92 16 40
centre-sophie-barat@rscj.com
www.centre-sophie-barat.com

FONTAINE-LÈS-DIJON (21)
SAMEDI 26 ET DIMANCHE 27

Pèlerinage
Marcher sur les pas de saint Bernard, de sa maison natale de Fontaine-lès-Dijon jusqu'à l'abbaye de Cîteaux, soit 42 km en deux jours et quatre étapes. Prévoir l'hébergement.
03 80 63 16 73
pelerinages@eveche-dijon.com
www.pelerinages-dijon.cef.fr

Grand Sud-Ouest

ROCAMADOUR (46)
LES MERCREDIS 2, 9, 16 ET 23

Pélé-rando
Se ressourcer dans la nature et marcher en famille (sans poussette), accompagnés par un prêtre.
05 65 14 10 59
contact@sanctuairerocamadour.com
www.sanctuairerocamadour.com

NAY (64)
DU LUNDI 14 AU DIMANCHE 20

Session tennis et prière
« Être bien dans ses cordes » : seul ou en famille, détente, prière et tennis (tous niveaux) dans les Pyrénées, au sein de la communauté des Béatitudes. Avec frère Pierre, professeur qualifié de tennis.
07 66 84 10 83 ; 05 59 61 26 26
tennisetpriere@yahoo.fr
nay.beatitudes.org

LA PUYE (86)
DU MARDI 22 AU DIMANCHE 27

Pèlerinage
Première édition pour « Chemins de traverse » : ce pèlerinage intergénérationnel fait découvrir sainte Jeanne-Élisabeth Bichier des Âges, fondatrice de la congrégation des Filles de la Croix (XVIIIe siècle). Le 26, à l'occasion des 250 ans de sa naissance et de son baptême, messe présidée par Mgr Pascal

Wintzer, archevêque de Poitiers, et après-midi festif.
06 40 41 54 56 ; 06 07 54 65 17
cheminsdetraverse2023@gmail.com

Grand Sud-Est

SAINTE-BAUME (83)

DU JEUDI 17 AU SAMEDI 19

Université d'été

« Fin d'un monde, fin du monde ? » : c'est le thème de cette université d'été au sanctuaire de la Sainte-Baume. Témoignages, tables rondes, lecture et débats.
04 42 18 75 34
sanctuaire@saintebaume.org
www.saintebaume.org

SAINT-ÉTIENNE-LE-LAUS (05)

DU SAMEDI 19 …

ZOOM

Festival de l'abbaye de Sylvanès

Jusqu'au dimanche 27 août, l'abbaye de Sylvanès, située dans le Sud-Aveyron, accueille son 46e Festival de musiques sacrées et musiques du monde. Plus de 15 000 festivaliers fréquentent ce festival, l'un des plus importants de l'Occitanie. La programmation, cette année, met en avant les splendeurs de la musique sacrée italienne avec, en premier, le *Stabat Mater* et le *Nisi Dominus* de Vivaldi. Autre joyau du répertoire baroque, le *Miserere* d'Allegri (30/07) sera sublimé par l'Ensemble Antiphona sous la direction de Rolandas Muleika. C'est un chef-d'œuvre du baroque français que livrera le chef de l'Orchestre les Passions Jean-Marc Andrieu avec la *Messe Assumpta est Maria* de Marc-Antoine Charpentier (13/08). La programmation du festival gâte les amoureux de Mozart avec, le 15 août dans l'abbatiale, le *Requiem* et une œuvre moins connue : *Thamos, roi d'Égypte*. Autre temps fort de l'été, la commande du festival à Christopher Gibert d'un « Magnificat cistercien » porté par Le chœur de chambre Dulci Jubilo (06/08). Le programme parcourt aussi l'opéra, le flamenco, la musique slave, les chants gitans, les voix de Mongolie… ■ **Xavier Jaricot**

... AU JEUDI 24
Festival marial
Remercier Marie pour toutes les grâces reçues : louange, prière du Rosaire, grandes veillées et conférences au sanctuaire Notre-Dame-du-Laus.
04 92 50 30 73
reservation@notredamedulaus.com
sanctuaire-notredamedulaus.com

LÉONCEL (26)
DU LUNDI 21 AU SAMEDI 26
Session art et Bible
« Il est vivant le Dieu devant qui je me tiens » (cf. 1 R 18, 15) : en quoi, Élie, ce prophète sans livre, peut-il nous rejoindre aujourd'hui ? Avec Nicole Chambon et Emmanuelle Billoteau, ermite, bien connue des lecteurs de *Prions en Église*.
06 73 07 52 61
sthugues.leoncel@gmail.com o
abbaye-leoncel-vercors.com

Île-de-France

VERSAILLES (78)
DU MERCREDI 16 AU MARDI 22 OU JEUDI 24
Retraite
« Écologie et parole de Dieu » : pendant cinq ou sept jours, prier avec la Parole, contempler la nature, partager sur la conversion écologique…
01 39 50 21 56
www.ndcenacle.org

LES-GRANGES-LE-ROI (91)
DU DIMANCHE 27 AU JEUDI 31
Université d'été
L'association Acteurs d'Avenir propose à 200 étudiants et jeunes pros âgés de 21 à 27 ans d'écouter des entrepreneurs, philosophes, politiques ou journalistes et de réfléchir avec eux. Conférences, temps spirituels et de détente. À Notre-Dame de l'Ouÿe.
contact@acteursdavenir.org
www.acteursdavenir.org

ENVOYEZ VOS RENDEZ-VOUS À L'AGENDA DE PRIONS EN ÉGLISE : Merci d'envoyer les informations nécessaires 3 mois avant l'événement, sans engagement de publication par la rédaction, à : *Prions en Église*, Agenda, 18 rue Barbès, 92120 Montrouge, ou par e-mail : *prionseneglise@groupebayard.com*

PrionsenÉglise 18, rue Barbès,
92128 Montrouge Cedex.
www.prionseneglise.fr

▶ **POUR CONTACTER LE SERVICE CLIENT : 01 74 31 15 01** – service.client@groupebayard.com
(Préciser : nom + adresse postale + « concerne Prions en Église ».)

▶ **POUR VOUS ABONNER : 01 74 31 15 01** – www.librairie-bayard.com
Bayard, Prions en Église, TSA 60007, 59714 Lille Cedex 9

▶ **POUR CONTACTER LA RÉDACTION : 01 74 31 63 24** – prionseneglise@groupebayard.com

Directeur de la publication : Pascal Ruffenach. Directeur du secteur et directeur des rédactions : Jean-Pierre Denis. Rédaction : Karem Bustica (rédactrice en chef), Pomme Mignon (rédactrice en chef adjointe visuel, directrice artistique), Frédéric Pascal (rédacteur en chef adjoint), Armelle Gabriel (assistante), Nicolas Crouzier (secrétaire général de la rédaction), Jean-Baptiste Deau (1er secrétaire de rédaction), Clotilde Pruvôt, Véronique Jollé (secrétaires de rédaction), Laurent Sangpo, Pascal Redoutey (rédacteurs graphistes), Ania Biszewska (rédactrice photo), Sébastien Antoni (chef de grande rubrique), Anne-Quitterie Jozeau (rédactrice), Agnès Thépot (relations lecteurs). A participé : Thibault Van Den Driessche. Marketing éditeur et développement : Anne-Claire Marion (directrice), Amandine Boivin (responsable marketing). Marketing diffusion et abonnement : Aurore Bertrand (directrice), Sandrine Dos Santos (chef de marché). Direction des terrains catholiques : Cédric Bloquet (directeur). Voyages lecteurs : Corinne Miguel. Contrôle de gestion : Tonnumy Ai. Fabrication : Grégory Cervantes. Impression : Maury SAS, Z.I. Route d'Étampes, 45330 Malesherbes. Textes liturgiques : © AELF. Chants : © Éditeurs. © Bayard et Novalis. Reproduction interdite sans autorisation. *Prions en Église* est édité par Bayard, société anonyme à Directoire et Conseil de Surveillance au capital de 16 500 000 €. Actionnaires : Augustins de l'Assomption (93,7 % du capital), SA Saint-Loup, Association Notre-Dame de Salut. Directoire : Pascal Ruffenach (président), André Antoni, Florence Guémy et Jean-Marie Montel (directeurs généraux). Président du Conseil de Surveillance : Hubert Chicou. Dépot légal à parution. CPPAP : 0425K86471 - ISSN : 0383-8285. Belgique et Luxembourg : Bayard Presse Bénélux, Da Vincilaan, 1 – 1930 Zaventem. Tél. : 0800 250 38 (de Belgique, gratuit) ou 800 29 195 (du Luxembourg). Web marché chrétien : librairie-bayard.com. Suisse : Asendia Press Edigroup SA, Chemin du Château-Bloch 10, 1219 Le Lignon. Tél. : 00 41 22 860 84 02. Mail : abobayard@edigroup.ch

Ce numéro comporte : ***Sur la totalité de la diffusion : encart posé "Prions en Église Junior" ; encart jeté "Prions en Église" autopromo. Sur une partie de la diffusion : encart posé "La Croix L'Hebdo" ; relance posée "Prions en Église" offre d'abonnement***

PEFC
10-31-1262
Certifié PEFC
Ce produit est issu de forêts gérées durablement et de sources contrôlées.
pefc-france.org

IMPRIM'VERT

***Prions en Église* agit pour l'environnement**
PETIT FORMAT Origine du papier : Suède. Taux de fibres recyclées : 0%. Origine des fibres : papier issu de forêts gérées durablement. Impact sur l'eau : Ptot 0,007 kg/T.
GRAND FORMAT Origine du papier : Suède. Taux de fibres recyclées : 0 %. Origine des fibres : papier issu de forêts gérées durablement. Impact sur l'eau : Ptot 0,003 kg/T

FR